上海文化知识与方言应用能力测试指导用书

上海方言学习教程

上海市语言文字水平测试中心　编

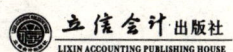

立信会计出版社
LIXIN ACCOUNTING PUBLISHING HOUSE

图书在版编目(CIP)数据

上海方言学习教程 /上海市语言文字水平测试中心
编. —上海:立信会计出版社,2016.5
ISBN 978 - 7 - 5429 - 4937 - 0

Ⅰ.①上… Ⅱ.①上… Ⅲ.①吴语—上海市—教材
Ⅳ.①H173

中国版本图书馆 CIP 数据核字(2016)第 113612 号

策划编辑　　徐雪芬
责任编辑　　徐雪芬
封面设计　　南房间

上海方言学习教程

出版发行	立信会计出版社			
地　　址	上海市中山西路 2230 号		邮政编码	200235
电　　话	(021)64411389		传　真	(021)64411325
网　　址	www. lixinaph. com		电子邮箱	lxaph@sh163. net
网上书店	www. shlx. net		电　话	(021)64411071
经　　销	各地新华书店			

印　　刷	常熟市梅李印刷有限公司		
开　　本	710 毫米×960 毫米		1/16
印　　张	11.25		
字　　数	197 千字		
版　　次	2016 年 5 月第 1 版		
印　　次	2016 年 5 月第 1 次		
印　　数	1—2100		
书　　号	ISBN 978 - 7 - 5429 - 4937 - 0/H		
定　　价	23.00 元		

如有印订差错,请与本社联系调换

前　言

　　上海是有着光荣革命历史传统和优秀城市文化精神的国际化大都市。随着对外开放程度的不断提升,越来越多的外来人员进入上海学习和工作。

　　由于 100 多年来特殊的地理位置和发展历史,过去的上海给现代人留下了丰富的地域文化。其中既有本地文化的传承,也有外来文化的积淀。作为上海地方文化的重要组成部分和主要承载方式,上海方言有着鲜明的特点,同时在都市化快速发展的进程中,也迅速地发生着变化。

　　《国家中长期语言文字事业改革和发展规划纲要(2012—2020 年)》明确指出:要正确处理各种语言文字关系。依法妥善处理好国家通用语言文字与汉语方言、繁体字、少数民族语言文字的关系及学习使用问题,积极探索方言使用和保护的科学途径。上海市语言文字工作委员会在《关于贯彻落实〈国家中长期语言文字事业改革和发展规划纲要(2012—2020 年)〉的实施意见》中也指出:要努力提高市民以国家通用语言文字能力为核心,包括外语、母语(或母方言)、移民目的地语等在内的多种语言能力,推动各级各类学校、社会有关机构及开放大学、社区学校等,为有需要的市民提供相关语言学习服务。

　　为此,我们编写了本丛书,以推动保护地方文化的精华,保存地方方言的特色。本丛书分为三册。第一册:上海文化知识集萃,讲述上海话的形成历史,介绍上海的重要地标、革命故址、海派文艺、饮食文化等;第二册:上海方言学习教程,让读者了解上海话音系,并通过实际交际中方言的运用来掌握一定的上海话会话能力;第三册:上海文化知识与方言应用能力测试大纲。在推广和宣传国家通用语言文字的基础上,从构建和谐语言生活的角度出发,以普通话和上海方言为载体,我们研制了《上海文化知识与方言应用能力测试》项目,大纲部分包括测试内容与范围、测试形式与要求、测试题型与评分及测试词表。

　　乔丽华负责本丛书的策划、编写和统稿。其中第一册"上海文化知识集萃"由钱乃荣编写,第二册"上海方言学习教程"由钱乃荣、蒋冰冰执笔,第三册"上海文化知识与方言应用能力测试大纲"由上海市语言文字水平测试中心研制,刘民钢、单虹执笔。

　　本丛书摄影由夏涛、高天禹、屠惟、潘逸轩、黄日阅、郭倩赟提供;录音由陈全娣、高培明和上海市延吉幼儿园的王晓燕、孙晓炜、周妍、陈文嘉、戎晓雯、祁军、王漠然、顾欣昀、朱敏提供;绘画由薛观涛、刘莉雯、熊馥琳、陈子通完成。测试词表国际音标的注音由金耀华校对。《上海文化知识与方言应用能力测试》项目研制中,徐佑琮、吴慧参加了制卷工作,刘阳、张大鹏承担普通话部分的录音,陈全娣、高培明承担方言部分的录音。在此表示深深的感谢。

　　我们希望大家通过学习,能够了解上海的历史文化、城市文明,帮助大家更快地熟悉上海的风俗习惯,共同弘扬"海纳百川,追求卓越,开明睿智,大气谦和"的上海城市精神,更好地融入上海这个大都市。

编　者

编 写 说 明

1. 本书在表述方言词语时，凡有相应的规范汉字的，已都采用规范汉字。

2. 对于有些有音无字的方言词语，则采用上海方言中音韵地位与之相同的汉字，如：gəʔtɕʰiā（最近一段时间），写作："羯抢"，kəʔ（那），写作"葛"。

3. 本书课文中的词语和句子，因有录音可供参照学习，不再加注音标。录音可通过扫描课后的二维码获得。

上海城区话声韵调系统

现代汉语是目前汉民族使用的主体语言,包括民族共同语—普通话,以及其他官话方言和吴、闽、赣、客家、粤、湘、徽、晋、平话等非官话方言。上海市区话,简称上海话,是吴方言中最为重要的城市方言。

一、上海话声韵调

1. 上海话声母(28个)

清不送气塞音、塞擦音声母		清送气塞音、塞擦音声母		浊塞音、塞擦音声母		鼻音声母		清擦音声母		浊擦音、通音声母	
p	布帮北	pʰ	怕胖劈	b	步盆拔	m	美阿梅门	f	飞粉福	v	扶奉服
t	胆懂德	tʰ	透听铁	d	地动夺	n	拿因内男			l	拉拎赖领
ts	煮增质	tsʰ	处仓出					s	书松色	z	树从石
tɕ	举精脚	tɕʰ	丘轻切	dʑ	旗群剧	ɲ	粘扭泥牛	ɕ	修勋血	ʑ	徐秦绝
k	干公夹	kʰ	开垦扩	g	葵共轧	ŋ	研我外鹅	h	花荒忽	ɦ	鞋移胡雨
∅	鸭衣乌迂										

声母说明:"∅"表示零声母。

2. 上海话韵母(43个)

	开口呼	齐齿呼	合口呼	撮口呼
口元音韵母	ɿ 知次住	i 基线微	u 波歌做	y 居女羽
	A 太柴鞋	iA 野写亚	uA 怪淮娃	
	ɔ 宝朝高	iɔ 条蕉摇		
	o 花模蛇			
	ɤ 斗丑狗	iɤ 流尤休		

（续表）

	开口呼	齐齿呼	合口呼	撮口呼
口元音韵母	E 雷来兰	iE 廿械<u>也</u>	uE 回贯弯	
	ø 干最乱		uø 官欢缓	yø 软园权
鼻化元音韵母	ã 冷长硬	iã 良象阳	uã 横光~火	
	ɑ̃ 党放忙	i ɑ̃ 旺	u ɑ̃ 广狂况	
带鼻韵尾韵母	ən 奋登论	in 紧灵<u>人</u>	uən 困魂温	yn 均云训
	oŋ 翁虫风	ioŋ 穷荣浓		
带喉塞韵尾韵母	Aʔ 辣麦客	iAʔ 药脚略	uAʔ 挖划刮	
	oʔ 北郭目	ioʔ 肉浴玉		
	əʔ 舌色割	iiʔ 笔亦吃	uəʔ 活扩骨	yiʔ 血缺悦
特殊韵母	əl 而尔<u>耳</u>	m̩ 姆亩呒~没 n̩ 唔~奶	ŋ̍ 五<u>鱼</u>午蝍~	

韵母说明：表中汉字底下划双横线的表示文读音，划单横线的表示白读音；特殊韵母中"əl"韵母只在书面语或文读里出现；三个鼻音上标小竖点" ˌ "，表示自成音节鼻音。

3. 上海话声调（5个）

调类	调值	例字
阴平	52	刀浆司东刚知
阴去	34	岛到奖酱水四
阳去	23	桃导道墙象匠
阴入	5	雀削说踢足笔
阳入	<u>12</u>	嚼石局读食合

声调说明：用五度数码表示音高调值的高低，5最高，1最低。如53表示从最高降到中间。

13从最低升到中间。数码下有单横线表示短促。声调调值标在元辅音音标的右上方，如"饱"pɔ^{34}。

以上为当今60岁以上多数老年人正在使用的上海老派音系。上海话语音存在内部差异，与上述老派相比，新派语音韵母发生了一些系统的合并，主要有

ø 与 uø 合并为 ø；ã、iã、uã 与 ɑ̃、iɑ̃、uɑ̃ 分别合并为 ã；Aʔ、iAʔ、uAʔ 与 əʔ、iɪʔ、uəʔ 合并为 ɐʔ、iɪʔ、uəʔ。

二、上海话语音特点

1. 与普通话相比，上海话多出一套浊塞音、塞擦音和擦音声母。声母形成不送气清塞音、送气清塞音、浊塞音三套对立。如：饱 pɔ³⁴、泡 pʰɔ³⁴、跑 bɔ²³；到 tɔ³⁴、套 tʰɔ³⁴、道 dɔ²³；告 kɔ³⁴、考 kʰɔ³⁴、搞 gɔ²³。

2. 只有舌尖前音（平舌音）声母，没有舌尖后音（翘舌音）声母。如：资＝知 tsɿ⁵²；仓＝昌 tsʰ ɑ̃⁵²；肃＝叔 soʔ⁵。

3. 单元音丰富，共有十二个。没有前响复合元音，凡北京话的前响复合元音都读作单元音。如：外 ŋA²³、刀 tɔ⁵²、雷 lE²³、手 sɣ³⁴。

4. 有入声韵，韵尾收喉塞音 ʔ。入声韵尾字包括古 -p、-t、-k 全部入声字。

5. 合口、撮口韵不丰富，大部分声母没有以 u、y 为介音的韵母。

6. 阴平声调包括古平声清声母字，阴去声调包括古上、去声调的清声母字，阳去声调包括古平、上、去三声的浊声母字，阴入和阳入声调包括古入声清声母和浊声母字。

7. 配阴声调的边音、鼻音声母字很少。

CONTENTS
目 录

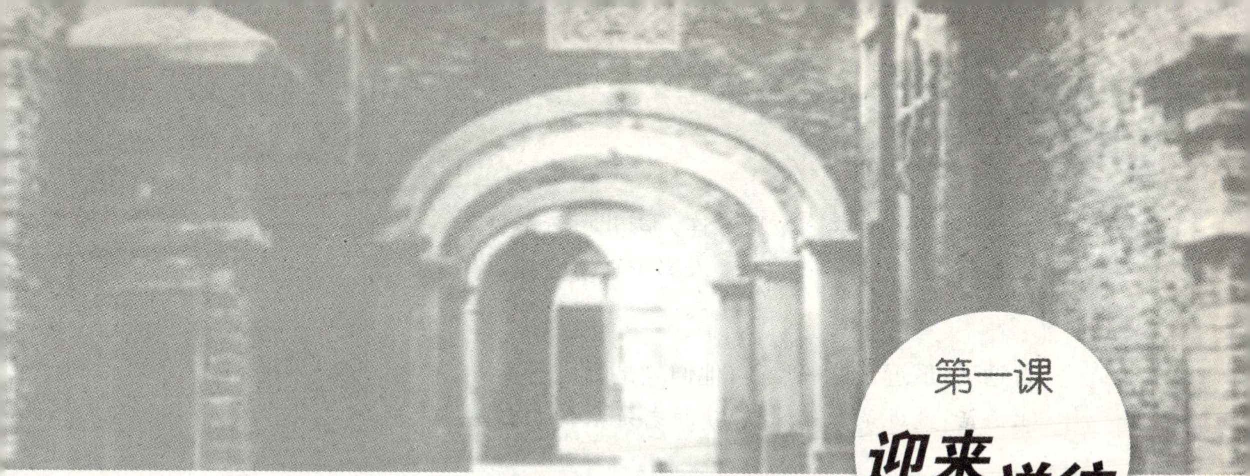

 **见面问候**

▶ **甲：**

普通话：嗨，您早，李先生！

上海话：哎，侬早，李先生！

▶ **乙：**

普通话：哎哟，是您啊！好久不见了，您好吗？

上海话：喔哟，是侬啊！长远勿见，侬好哦？

▶ **甲：**

普通话：好，挺好！最近身体好吗？

上海话：蛮好，蛮好！稀抢身体好哦？

▶ **乙：**

普通话：好，好！您呢？

上海话：好个，好个！侬呢？

▶ **甲：**

普通话：挺好，就是近来我很忙。

上海话：蛮好，就是近抢把我老忙个。

▶ 乙：

　　普通话：您怎么这么忙啊？连人影儿也看不见。

　　上海话：侬哪能介忙个啦？人影子也看勿见。

▶ 甲：

　　普通话：最近是忙一点儿，他们老是派我出差。

　　上海话：最近是忙着一眼，伊拉老是派我去出差。

▶ 乙：

　　普通话：我常想着您呢！

　　上海话：我老想侬个！

▶ 甲：

　　普通话：我也常想来看您。您最近忙吗？

　　上海话：我也常庄想来望望侬。侬最近忙
　　　　　　哦啦？

▶ 乙：

　　普通话：还好，不太忙。今天这么巧遇到您！

　　上海话：还好，勿大忙。今朝介巧碰着侬！

▶ 甲：

　　普通话：您倒是保养得挺好，气色不错。

　　上海话：侬倒是保养来蛮好，面色勿错。

▶ 乙：

　　普通话：谢谢！这会儿咱们老朋友一起去聊聊。

　　上海话：谢谢！乃阿拉老朋友一道去讲脱一歇。

场景二 / 送人道别

▶ 甲：

　　普通话：你要走了吗？

　　上海话：侬要走啦？

▶乙：

　　普通话：时间不早了，我要回去了。

　　上海话：辰光勿早了，我要回去了。

▶甲：

　　普通话：再坐一会儿吧。

　　上海话：再坐一歇好唻。

▶乙：

　　普通话：不坐了，我还有点儿事呢。

　　上海话：勿坐了，我还有眼事体辣海。

▶甲：

　　普通话：那我送送你。

　　上海话：葛末我来送送侬。

▶乙：

　　普通话：不用了，我自己走。

　　上海话：勿要送得个，我自家走。

▶甲：

　　普通话：没关系，把你送到小区大门口。

　　上海话：勿要紧个，送侬到小区大门口。

▶乙：

　　普通话：谢谢，谢谢！

　　上海话：谢谢，谢谢侬！

▶甲：

　　普通话：走好，走好。

　　上海话：走好，走好。

▶乙：

　　普通话：留步，留步，不要送了。

　　上海话：留步，留步，勿要送了。

▶ 甲：

普通话：再见！有空多来玩玩！

上海话：再会！有空多来白相相！

▶ 乙：

普通话：一定来。再见，再见！

上海话：一定来。再会，再会！

课后练习

一、语音仔细辨

1. 浊辅音声母训练 1

以下黑体字声母的国际音标写作[b]，读如英语 book（书）的第一个字母的发音。

（1）听音辨音

皮—比　步—布　爬—把　盘—半　跑—饱　旁—榜　鼻—壁

倍—配　盘—判　婆—破　蓬—捧　频—品　庞—胖

（2）朗读词语

朋友　菩萨　跑步　排球　防止　肥皂　鼻头　白菜

拥抱　毛病　和平　道伴　琵琶　厚薄　挺拔　差别

2. 浊辅音声母训练 2

以下黑体字声母的国际音标写作[d]，读如英语 deep（深）的第一个字母的发音。

（1）听音辨音

汏—带　代—对　第—点　宕—挡　敌—跌　特—得

逃—讨　头—透　段—探　桶—统　达—塌

（2）朗读词语

地方　淡水　同事　大小　亭子　读书　踏板　敌人　特别

兄弟　石头　报亭　洋钿　早稻　判断　发达　单独　程度

二、词语分类记

1. 礼貌词语

侬好

4

拜托侬

麻烦侬

勿好意思

对勿起

勿要紧

勿搭界个：没关系

勿碍啥：没关系

呒没关系

勿要客气

晏歇会：待会儿见

改日会：再见

2. **形容词**

(1) **灵**：称赞东西"好"。

上海话：辦个物事老灵个！

普通话：这个东西真好！

(2) **鲜**：菜肴味美。

上海话：排骨年糕鲜得来！

普通话：排骨年糕味道好极了！

(3) **跳**：醒目，突出。

上海话：伊领带个颜色真跳！

普通话：他领带的颜色真显眼！

(4) **嗲**：(1)娇柔，妩媚，有魅力。(2)好，优秀，够味。

上海话：侬两个字老嗲个！

普通话：你的字写得真好！

(5) **神气**：精神。

上海话：伊新衣裳着辣海，老神气个。

普通话：她穿着新衣服，很精神。

(6) **爽气**：爽快；干脆利落。

上海话：伊问我借五千块，我老爽气个，马上借拨伊。

普通话：他向我借五千元，我很爽快的，马上借给他。

(7) **笃定**：心中安定，踏实不慌。

上海话：事体一定脱侬办好，侬笃定放心好了。

5

　　普通话:事情一定给你办好,你就放一百个心吧!

(8) **乐开**:做事说话在理上,公开、大方、豁达。

　　上海话:伊做人交关乐开,所以朋友多。

　　普通话:他为人非常大方豁达,所以朋友多。

(9) **热络**:形容朋友之间经常往来;关系亲热。

　　上海话:伊拉两介头一直老热络个。

　　普通话:他们两个人关系很好的。

(10) **扎劲**:很带劲。

　　上海话:今朝个游戏扎劲哦?

　　普通话:今天的游戏好玩吗?

(11) **结足**:结实,严实。

　　上海话:交关物事堆辣箇搭,堆了老结足个。

　　普通话:很多东西堆在这里,堆得严严实实的。

(12) **考究**:质量要求高、精美;讲究。

　　上海话:箇套家生,做得老考究个。

　　普通话:这套家具,做得真讲究。

三、语法一点通

上海话常用叹词

叹词是表示感叹、呼唤、应答的词。上海话中常用的叹词如下:

(1) 哎

一般呼语。注意在上海话中一般不用"喂"作呼唤,"喂"只在打电话时使用,或用于不客气地叫唤人。

(2) 喔哟

可表示喜悦、惊叹、喜出望外,也可表示没料到的遗憾。

(3) 噢

"知道了"的意思。

(4) 咳

表示赞同或者附和。与上海话"咸"同音。

(5) 嚎

表示"真的吗? 是吗? 是这样吗?"的意思。

四、双言天天练

1. 请把下列上海话改成普通话

长远勿见,侬好呀!

稀抢身体好哦?

2. 请把下列普通话改成上海话

不坐了,我还有点儿事呢。

不用了,我自己走。

五、乡语传乡情

1. 童谣系童心

落雨喽

落雨喽!

打烊喽!

小八腊子开会喽!

卖糖粥

笃笃笃,

卖糖粥,

三斤蒲桃四斤壳。

吃侬肉,

还侬壳,

张家老伯伯,

问侬讨只小花狗。

侬来拣一只,

"汪! 汪! 汪!"

2. 谚语蕴智慧

看人挑担勿吃力,自上肩胛嘴要歪。

满碗饭好吃,满口话难讲。

有缘千里来相会,无缘对面勿相逢。

3. 歇后语品味

寿星唱曲子——老调

脚炉盖当镜子——看穿

六、用普通话说"上海记忆"

地名中的时代色彩

上海市区的不少路名反映了开埠以前农业社会生活方式所产生的地域面貌。比如，以"桥"作为一个地方的显著标志来标记地名，其中"提篮桥""打浦桥""斜桥""南阳桥""东新桥""横浜桥""程家桥"等地名保留至今。"东新桥"原来是"洋泾浜"上的一座桥，"洋泾浜"虽然于1915年被填没而在地图上消失，但是"东新桥"却作为一个地名流传至今。有些原本有桥的地方筑路以后，便留下了"大木桥路""小木桥路""虹桥路""打浦路"等路名。

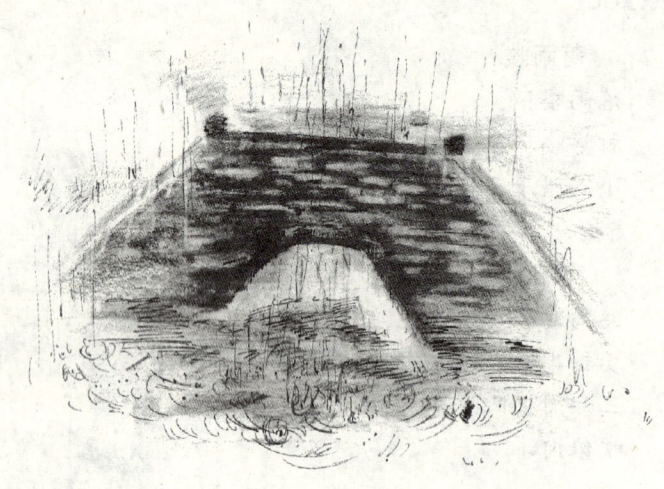

扫一扫 听录音

 初次见面

▶甲：

　　普通话：请问你贵姓？
　　上海话：请问侬姓啥？

▶乙：

　　普通话：我姓王。
　　上海话：我姓王。

▶甲：

　　普通话：大名是什么？
　　上海话：名字叫啥？

▶乙：

　　普通话：我叫王小玲。
　　上海话：我叫王小玲。

▶甲：

　　普通话：你今年多大了？
　　上海话：侬今年几岁了？

▶ **乙：**

普通话：我二十二岁了。

上海话：我廿二岁。

▶ **甲：**

普通话：你是哪里人？

上海话：侬啥地方人？

▶ **乙：**

普通话：我是浙江人。

上海话：我末，浙江人。

▶ **甲：**

普通话：她是谁啊？

上海话：伊啥人啊？

▶ **乙：**

普通话：她是我妹妹。

上海话：伊是我个妹妹。

▶ **甲：**

普通话：你们来上海多长时间了？

上海话：俫到上海几化辰光了？

▶ **乙：**

普通话：两个星期了。

上海话：两个礼拜了。

场景二／深入交往

▶ **甲：**

普通话：今天很抱歉，让你们等了这么长时间。

上海话：今朝老抱歉个，叫俫等了介许多辰光。

▶ 乙：

　　普通话：别客气，没关系。
　　上海话：勿要客气，吭没关系个。

▶ 甲：

　　普通话：请问这位先生是谁？
　　上海话：请问㢱位先生啥人啊？

▶ 乙：

　　普通话：这位是李凡先生。今天给你介绍一位合作伙伴。
　　上海话：㢱个是李凡先生。今朝脱侬介绍一位合作伙伴。

▶ 甲：

　　普通话：你好！李先生！
　　上海话：侬好！李先生！

▶ 丙：

　　普通话：你好！张先生！这是我的名片。
　　上海话：侬好！张先生！㢱个是我个名片。

▶ 甲：

　　普通话：你是做纺织品贸易的？
　　上海话：侬是做纺织品贸易个？

▶ 丙：

　　普通话：对，我们的贸易伙伴主要是美国客户。
　　上海话：对个，阿拉个贸易伙伴主要是美国客户。

▶ 甲：

　　普通话：我们企业的产品主要是外销的。今后加强联系。
　　上海话：阿拉企业个产品主要是外销个。今后加强联系。

▶ 丙：

　　普通话：好，我们一起合作。
　　上海话：好个，阿拉一道合作。

▶ 甲：

　　普通话：好，好，今后大家都是朋友了，多多关照。

上海话：好个，好个，今后大家侪是朋友唻，多多关照！

▶ 乙：

普通话：不必客气，大家合作，大家合作！

上海话：勿要客气，大家合作，大家合作！

课后练习

一、语音仔细辨

1. 浊辅音声母训练3

以下黑体字声母的国际音标写作[v]，读如英语 very（很）的第一个字母的发音。

（1）听音辨音

父—富　唯—废　文—粉　饭—贩

逢—封　房—放　服—福　罚—发

（2）朗读词语

缝补　肥料　烦心　浮标　饭碗　房屋

奉贤　服帖　厌烦　彩凤　模范　惩罚

2. 浊辅音声母训练4

以下黑体字声母的国际音标写作[z]，读如英语 zoo（动物园）的第一个字母的发音。

（1）听音辨音

字—使　坐—锁　造—少　财—伞

重—送　场—省　神—沈　裳—赏

（2）朗读词语

寿星　茶杯　崇明　才能　重要　自家

小虫　本事　事实　浑浊　城市　常熟

二、词语分类记

1. 人称代词、否定副词

我

阿拉：我们

侬:你

倗:你们

伊:他、她

伊拉:他们、她们

勿:不

勿要:不要(有时读成合音“覅”)

呒没:没有

2. 形容词

(1) **气闷**:闷气。

上海话:一个人辣辣屋里向老气闷个。

普通话:一个人待在家里很闷气。

(2) **乌苏**:杂乱而脏,使人难受。

上海话:伊屋里向乌苏得唻!

普通话:他家里太乱了!

(3) **殟塞**:不舒服,心中烦闷。

上海话:搿个一抢心里邪气殟塞。

普通话:这一段时间心里很烦闷。

(4) **适意**:舒服,感觉好。

上海话:广东个天气老适意个。

普通话:广东的天气很舒服。

(5) **写意**:舒服,称心。

上海话:坐辣沙发浪向交关写意。

普通话:做在沙发上很舒服。

(6) **结棍**:厉害,着实;身体结实强壮。

上海话:伊搿个人身体老结棍个。

普通话:他这个人身体很结实。

(7) **煞根**:过瘾,彻底痛快,厉害。

上海话:今朝白相得真煞根啊!

普通话:今天玩得真过瘾啊!

(8) **衰瘏**:累。

上海话:今朝爬仔交关扶梯,真真衰瘏啊。

普通话:今天爬了很多楼梯,累死了。

(9) **推扳**：差，差劲。

上海话：伊做人做得老推扳个。

普通话：他人品很差。

(10) **精乖**：精明乖巧。

上海话：伊咿个小囡老精乖个，会得鉴貌辨色。

普通话：他这个小孩子很乖巧，会看别人脸色。

(11) **赅刁**：吝啬。

上海话：侬咿个人哪能介赅刁个啦！

普通话：你这个人怎么那么吝啬啊！

(12) **乐惠**：舒适，合意，快乐。

上海话：夜饭吃好，伊沙发浪一隁，瓜子吃吃，电视看看，蛮忒乐惠噢！

普通话：晚饭吃好，他沙发上一靠，吃着瓜子，看着电视，太舒服了！

三、语法一点通

指示地点和指示东西的表达方式

1. 指示地点

(1) 表示近指的有：

咿搭、迭搭、咿搭块、此地

(2) 表示远指的有：

埃面、埃面搭、伊面、伊面搭

手指着的地方，或交谈双方都预知的地方，即所谓定指，用"**咿搭**"。如："侬外滩咿搭去过哦？（你去过外滩那儿吗?)"

2. 指示东西

咿个/迭个：这、这个，表示事物的近指和定指。

埃个/伊个：那个，表示事物的远指或另指。

上海话很少用"埃个/伊个"，一般是在两个东西对照时用，如："咿个杯子勿好，埃个比较好。"

双方都预知的定指事物，上海话通常用"咿个"。如："侬咿个辰光还辣读小学。（你那时还在读小学。)"。"迭个"多为老年人使用。

四、双言天天练

1. 请把下列上海话改成普通话

侬好！张先生！咿个是我个名片。

好个,好个,今后大家倷是朋友唻,多多关照!

2. 请把下列普通话改成上海话

大名是什么?

你们来上海多长时间了?

五、乡语传乡情

1. 童谣系童心

喔唷哇

喔唷哇!

做啥啦?

蚊子咬我呀!

快点上来呀!

上来做啥啦?

上来白相呀!

哭作包

一歇哭,一歇笑,

两只眼睛开大炮,

一开开到城隍庙,

城隍老爷哈哈笑!

2. 谚语蕴智慧

勿怕路远,只怕志短。(立志)

千难万难,胆大勿难。(胆识)

只要功夫深,铁尺磨成针。(恒心)

3. 歇后语品味

打虎英雄——吴淞(武松)

两个三十二两——泗泾(四斤,旧制十六两为一斤)

六、用普通话说"上海记忆"

地名中的"浜"等字

小一点的河流,在上海地区称"浜"。"浜"是最具太湖片江南特色的河名,现有较大的河流是宝山的"蕰藻浜",地名如"肇嘉浜""陆家浜""张华浜""南塘浜""洋泾浜""北厍浜"等都已无水了。还有"泾""港""塘""荡",也都是江南的水名后缀,如"横潦泾"(在松江)是河名,"漕河泾""白莲泾""泗泾""枫泾"都已是镇名;"横泾港""向荡港"(在松江)是水名,"泖港"是镇名;"步石塘"(在青浦)是水名,"练塘"(在青浦)、"钱门塘"(在嘉定)是地名;"石湖荡"(在松江)、"淀山荡"(在青浦)是地名。上海在都市化进程中填没了不少浜、泾、港、塘、荡,但在路名上还保留着,如"肇家浜路""陆家浜路""蒲汇塘路"等。

询问时日

▶ 甲：

　普通话：不好意思，现在几点？

　上海话：对勿起，现在啥辰光啊？

▶ 乙：

　普通话：差五分六点。

　上海话：六点缺五分。

▶ 甲：

　普通话：电影几点开始？

　上海话：电影啥辰光开场？

▶ 乙：

　普通话：六点半。

　上海话：六点半。

▶ 甲：

　普通话：那还有三十分钟呢。时间很充裕。

　上海话：蒿还有半个钟头唻。辰光老充足个。

▶ 乙：

普通话：对，我们去买杯饮料吧。

上海话：是个，阿拉买杯饮料去。

▶ 甲：

普通话：好，等看完电影我们一起去吃夜宵。

上海话：好个，等看好电影，阿拉一道吃夜宵去。

▶ 乙：

普通话：好啊，那么明天中午我们什么时候见面？

上海话：好个呀，葛末明朝中浪向阿拉啥辰光见面？

▶ 甲：

普通话：十一点一刻。

上海话：十一点一刻。

▶ 乙：

普通话：我们吃过午饭就去图书馆，好吗？

上海话：阿拉吃过中饭就到图书馆去，好哦？

▶ 甲：

普通话：好啊，我们下午五点再回家吧。

上海话：好个呀，阿拉下半日五点钟再回屋里去哦。

▶ 乙：

普通话：没问题。

上海话：呒没问题。

场景二／介绍天气

▶ 甲：

普通话：今天天气真好。

上海话：今朝天气真好。

▶乙：

　　普通话：是的,终于出太阳了。
　　上海话：是个,总算出太阳了。

▶甲：

　　普通话：昨天下了一天的雨。
　　上海话：昨日落了一日个雨。

▶乙：

　　普通话：不知道明天的天气怎么样?
　　上海话：勿晓得明朝个天气哪能?

▶甲：

　　普通话：明天好像要下雷阵雨。
　　上海话：明朝好像要落雷阵雨。

▶乙：

　　普通话：天气预报说今天下午天要转阴。
　　上海话：天气预报讲今朝下半日要转阴天。

▶甲：

　　普通话：天气变化真大呀。
　　上海话：天气变化老大个。

▶乙：

　　普通话：哎,上海的冬天冷吗?
　　上海话：哎,上海个冬天冷哦?

▶甲：

　　普通话：很冷,常常到零下二三度,有时候还会下雪。
　　上海话：老冷个,常庄冷到零下二三度,有辰光还会得落雪哚。

▶乙：

　　普通话：这么冷啊! 那么夏天热吗?
　　上海话：介冷啊! 葛末热天热哦?

▶甲：

　　普通话：夏天很热,最高温度要到三十八九度呢。

上海话:热天老热个,高个辰光要到三十八九度来。

▶乙:

普通话:哎哟,上海的天气真是夏天很热冬天很冷啊!

上海话:喔唷,上海个天气真是热天热煞快!冷天冷煞快!

课后练习

一、语音仔细辨

1. 浊辅音声母训练5

以下黑体字声母的国际音标写作[dz̞],与英语June(六月)的第一个字母的国际音标发音[dʒ]比较接近。

(1)听音辨音

其—几　　具—鬼　　穷—窘　　拳—卷

强—将　　桥—叫　　极—急　　局—橘

(2)朗读词语

棋子　**裙**子　**拳**头　**旗**袍　**轿**车　**穷**人　**柜**台　**杰**出

大**桥**　娘**舅**　坚**强**　最**近**　钢**琴**　皮**球**　杂**技**　败**局**

2. 浊辅音声母训练6

以下黑体字声母的国际音标写作[z̞],与英语vision(视力)的第三个字母的国际音标发音[ʒ]比较接近。

(1)听音辨音

谢—写　　钱—显　　像—想　　静—兴　　袖—秀　　席—息

(2)朗读词语

晴天　**泉**水　**齐**巧　**袖**子　**席**子

感**谢**　安**静**　完**全**　床**前**　形**象**

二、词语分类记

1. 时间类词语、天气类词语

号头:月

礼拜:星期

日脚:日子

辰光:时间

钟头:小时

晴天

阴天

落雨:下雨

阵头雨:阵雨

台风

刮风

2. 形容词

(1) **硬绷绷**:形容东西硬挺或态度生硬。

上海话:箇件衣裳浆得硬绷绷个。

普通话:这件衣服浆得硬邦邦的。

(2) **硬厥厥**:形容硬而僵直,不柔软。

上海话:伊个脾气硬厥厥个,勿好通融。

普通话:他的脾气生硬,不能通融。

(3) **软冬冬**:形容柔软。

上海话:箇条毛毯软冬冬个,拨宝宝用。

普通话:这条毛毯很柔软,给宝宝用。

(4) **嫩笃笃**:形容食物或皮肤的柔嫩。

上海话:小囡个面孔嫩笃笃个。

普通话:小孩的脸蛋很嫩。

(5) **长腰腰**:形容瓜果蔬菜或物件细长。

上海话:箇个长腰腰个是夜开花。

普通话:那个细长的是瓠子。

(6) **长端端**:形容身材或物体较长。

上海话:伊男朋友个身材长端端个。

普通话:她男朋友的个子比较高。

(7) **矮幼幼**:形容矮小。

上海话:埃面个小朋友侪是矮幼幼个。

普通话:那边的小朋友都很矮小。

(8) **矮笃笃**:形容个子较矮小可爱。

上海话:伊小辰光矮笃笃个。

普通话：他小时候比较矮小。

(9) **胖墩墩**：形容矮胖结实。

上海话：伊外婆胖墩墩个。

普通话：他外婆胖墩墩的。

(10) **瘦刮刮**：形容身体消瘦。

上海话：伊爷叔瘦刮刮个。

普通话：他叔叔身材消瘦。

(11) **习习嫩**：形容食物或皮肤非常嫩软。

上海话：㪗个小人个皮肤习习嫩。

普通话：这个孩子的皮肤非常嫩。

(12) **塔塔潽**：满得都往外溢出。

上海话：㪗碗汤盛得来塔塔潽。

普通话：这碗汤盛得非常满。

三、语法一点通

疑问代词的用法

问人，用"啥人"，如："侬是啥人？"

问东西，用"啥""啥个"，如："㪗个是啥？""啥个面包好吃？"

问时间，用"几时""啥辰光"，如："侬几时来？""侬啥辰光去？"

问地点，用"阿里""阿里搭"，如："侬从阿里搭来个？"

问数量，用"几""几化""多少"，如："伊拉屋里有几个人？""一共几化人？""买多少物事？"

问原因，用"为啥"，如："侬为啥勿要吃？"

问选择，用"阿里个"，如："爸爸跟姆妈，阿里个怕冷？"

问方式程度，用"哪能"，如："侬哪能介勿识相？""MD哪能录？"

四、双言天天练

1. 请把下列上海话改成普通话

对勿起，现在啥辰光了？

葛还有半个钟头唻。辰光老充足个。

2. 请把下列普通话改成上海话

明天好像要下雷阵雨。

这么冷啊！那么夏天热吗？

五、乡语传乡情

1. 童谣系童心

小花狗

一只小花狗，
眼睛骨溜溜，
坐辣门口头，
想吃肉骨头。

摇到外婆桥

摇啊摇，
摇到外婆桥。
外婆叫我好宝宝。
糖一包，果一包，
外婆买条鱼来烧。
头勿熟，尾巴焦，
盛辣碗里蹦蹦跳。
一跳跳到卖鱼桥，
宝宝乐得哈哈笑。

2. 谚语蕴智慧

一勿做，二勿休，勿达目的勿罢休！（决心）
办事要老老实实，学习要扎扎实实。（方法）
侬有侬个千条计，我有我个老主意。（主见）

3. 歇后语品味

四面八方是水——周浦
两亲家公拜年——南汇（男会）

六、用普通话说"上海记忆"

上海地名中的三个层次

上海的嘉定、青浦、松江、金山地区成陆很早，有些地名反映着最早的初民生活在那儿的情况。如嘉定区的外冈镇、青冈村,还有沙冈塘,地名中的"冈"就是上海第一层最早的地名。青浦区的金泽镇名中的"泽",嘉定的嘺城乡中的"嘺",松江、青浦的"江""浦"都是最古老的地名称呼。

今上海城区和浦东地区成陆较晚,许多地名是唐朝以后定名的,许多是江南地名的延展使用。如"月浦""周浦""彭浦""杨树浦""虬江"等。除了以"浜""泾""港""塘""荡""溪"等南方水名为地名称呼外,还有"张堰"(在金山)的"堰"(水湾边突出的土地)、"官字圩"(在青浦)的"圩"(防水的土堤)。以"厍""埭""堵""甸"为后缀的地名比较古老,还有以"亭""渡""巷""寺"为后缀的地名。

第三层文化是随着北方书面语南渐,代表北方文化的地名在上海出现。因上海东部地区成陆较迟,反映这种表层文化的地名就很容易找到,比如"赵屯"的"屯","朱家角"的"角","大团"的"团","罗店"的"店","顾路"的"路","新场"的"场","十六铺"的"铺","梅龙镇"的"镇"等。再如新近开通的"淀浦河""随塘河"(在奉贤)、"川杨河"(在浦东)等,都以"河"来称呼,可见北方文化对上海文化的影响。

扫一扫 听录音

询问地点

▶ **甲：**

　　普通话：请问去外滩怎么走？

　　上海话：请问，到外滩去哪能介走？

▶ **乙：**

　　普通话：沿着南京东路一直往东走就到了。

　　上海话：沿牢南京东路一直朝东走就到了。

▶ **甲：**

　　普通话：走路需要多久？

　　上海话：走路去要几化辰光？

▶ **乙：**

　　普通话：大约半个小时。

　　上海话：大概半个钟头。

▶ **甲：**

　　普通话：请问有没有车子坐？

　　上海话：请问一声，有勿有车子乘？

▶ **乙：**

　　普通话：坐地铁二号线，到河南中路站下，再走到外滩只需要一刻钟。

　　上海话：乘地铁二号线，到河南中路站头下来，再走到外滩只要一刻钟。

▶ **甲：**

　　普通话：不好意思，请问从外滩能到东方明珠电视塔吗？

　　上海话：勿好意思，从外滩好到东方明珠电视塔哦？

▶ **乙：**

　　普通话：不行。

　　上海话：勿来三个。

▶ **甲：**

　　普通话：那怎样才能到东方明珠电视塔呢？

　　上海话：对勿起，哪能再好到东方明珠电视塔去呢？

▶ **乙：**

　　普通话：从外滩再回到地铁二号线河南中路站，乘二号线到陆家嘴站下。

　　上海话：从外滩再回到地铁二号线河南中路站头，乘二号线到陆家嘴站头
　　　　　　下来。

▶ **甲：**

　　普通话：谢谢！谢谢！

　　上海话：谢谢侬！谢谢！

▶ **乙：**

　　普通话：不客气。

　　上海话：勿要客气。

场景二 / 了解地址

▶ **甲：**

　　普通话：请问这儿是什么地方？

　　上海话：谢谢侬搿搭是啥个地方？

▶ 乙：

　　普通话：这儿是人民广场。

　　上海话：箇搭是人民广场。

▶ 甲：

　　普通话：请问到大世界怎么走？

　　上海话：请问到大世界哪能走？

▶ 乙：

　　普通话：笔直向前走,看到西藏中路右转。

　　上海话：笔直朝前头走,看见西藏中路小转弯。

▶ 甲：

　　普通话：从这儿到西藏中路要走多长时间？

　　上海话：从箇搭到西藏中路要走几化辰光？

▶ 乙：

　　普通话：大约十分钟。

　　上海话：大概十分钟。

▶ 甲：

　　普通话：接着怎么走？

　　上海话：接下去哪能走？

▶ 乙：

　　普通话：沿着西藏中路一直向南走,穿过延安东路之后,就可以看到一个塔
　　　　　　形的建筑,那里就是大世界。

　　上海话：沿牢西藏中路一直朝南走,穿过延安东路以后,就好看到一只像塔
　　　　　　一样个建筑,箇个地方就是大世界。

▶ 甲：

　　普通话：还想麻烦问一下人民公园往哪儿走？

　　上海话：还想麻烦侬问一声,人民公园望阿里搭走？

▶ 乙：

　　普通话：人民公园离这里很近,几分钟就到了。

　　上海话：人民公园离开箇搭邪气近,几分钟就到了。

▶ **甲:**

普通话:是吗?

上海话:真个啊?

▶ **乙:**

普通话:到西藏中路之前的左手边就是的。

上海话:到西藏中路前头个左手旁边就是个。

课后练习

一、语音仔细辨

1. 浊辅音声母训练 7

以下黑体字声母的国际音标写作 [g]。读如英语 good(好)的第一个字母的发音。

(1)听音辨音

茄—嫁　戆—讲　共—巩　搞—教　狂—广　掼—桂　轧—夹

(2)朗读词语

狂风　戆大　共事　茄子　掼脱　轧扁　一共　瞎搞　疯狂　老茄

2. 浊辅音声母训练 8

以下黑体字声母的国际音标写作 [ŋ]。读如英语 English(英语)中字母 ng 的发音。

(1)听音辨音

牙—鞋　咬—号　昂—杭　呆—害

我—河　岸—汗　额—狭　鹤—学

(2)朗读词语

外婆　牙齿　偶然　呆板　硬柴　咬口　眼睛　硬劲

请我　课外　河岸　仙鹤　弹硬　红颜　嫩藕　亲眼

二、词语分类记

1. 处所词、方位词

里向:里面

里向头:里面

　　外头:外面

　　边头:边上

　　边浪向:边上

　　浪:……上

　　浪向:……上

　　高头:……上

　　上底头:上面

　　下底头:下面

2. 俗语举例讲

（1）**轧闹猛**:往人气高的地方挤去。

　　上海话:今朝我屋里向人真多,侬也来轧闹猛啊?

　　普通话:今天我家里人真多,你也来凑热闹吗?

（2）**搭讪头**:为与生人接近而找话说;与人随便拉话。

　　上海话:伊老是欢喜搭人家搭讪头。

　　普通话:他总是喜欢跟人家拉话。

（3）**三脚猫**:似都懂但都不精通的人。

　　上海话:样样会得一眼,弄电脑伊也是只三脚猫。

　　普通话:每样会一点儿,对电脑他也是个似懂非懂的人。

（4）**百有份**:爱管闲事,件件事都介入。

　　上海话:一有风吹草动,伊总归辣海,伊是弄堂里有名个"百有份"。

　　普通话:一有风吹草动,她总是在那儿,她是弄堂里有名的样样闲事都
　　　　　　爱管的人。

（5）**一只顶**:好到顶了,最优秀的。

　　上海话:伊唱起歌来,此地块算是一只顶了!

　　普通话:他唱歌,是这里最好的了!

（6）**一帖药**:甘心顺从,完全佩服。

　　上海话:我看伊对伊老公是一帖药!

　　普通话:我看她对她老公佩服到家了!

（7）**买面子**:讲情面。

　　上海话:伊勿买我面子,哪能会得答应代我去啊?

　　普通话:他不看在我的情分上,怎么会答应代我去?

（8）**做人家**:节俭。

上海话:侬样样勿肯买,忒做人家唻!

普通话:你什么都不肯买,太节约啦!

(9) **轧朋友**:交朋友,尤指交异性朋友。

上海话:小囡已经大了,是要轧朋友了。

普通话:小孩已经大了,是要谈朋友了。

(10) **劈硬柴**:AA 制。

上海话:今朝勿要啥人请客,大家劈硬柴。

普通话:今天不要谁来请客,用 AA 制。

三、语法一点通

程度副词的用法

1. 表示一般程度

相当

蛮:(相当,颇)

交关:(很)如:"伊家当交关多。(他家产很多。)"

煞快:(颇厉害)如:"我恨煞快!(我快恨死了!)"

煞:(很,带夸张)如:"我气煞!(我气死了!)"

几化:(多少)如:"我待侬几化好!(我待你多少好!)"

2. 表示极度

老:(很)如:"伊老好个!(他很好!)"一般形容词后带"个"。

邪气:(非常)如:"伊邪气好!(他非常好!)"

瞎:(极了)如:"伊瞎漂亮!(他漂亮极了!)"

煞脱:(很厉害)如:"伊讨厌煞脱了!(他非常讨厌!)"

来得个:(特别地,尤其)如:"伊来得个高兴!(他特别地高兴!)"

忒:(太)如:"伊忒高兴了!(他太高兴了!)"

3. 表示比较度

比较

更加

加二:(更加)如:"侬再发火,伊加二要勿高兴!"

最

顶:(最)如:"三个人当中,伊顶好!"

四、双言天天练

1. 请把下列上海话改成普通话

谢谢侬,箇搭是啥地方?

笔直朝前走,看见西藏中路小转弯。

2. 请把下列普通话改成上海话

请问去外滩怎么走?

乘地铁二号线,到河南中路站下,再走到外滩大约需要一刻钟。

五、乡语传乡情

1. 童谣系童心

弟弟疲倦了

弟弟疲倦了,

眼睛小。

眼睛小,

要睏觉,

妈妈坐辣摇篮边,

把摇篮摇。

盍盍我个小宝宝,

安安稳稳睏一觉。

今朝睏得好,

明朝起得早,

花园里去采葡萄。

轻

走路轻,

讲话轻,

放下物事也要轻,

勿要老师告诉我,

自家也会轻。

2. 谚语蕴智慧

心眼摆得正,脚跟立得稳。(律己)

让人一寸,得理一尺。(度量)

知足常乐,必有余福。(知足)

3. 歇后语品味

弄堂里向拔毛竹——直进直出

湿手插辣面粉里——掼勿脱

六、用普通话说"上海记忆"

折射上海原县城风貌的地名

今黄浦区中华路、人民路环路内,还保留着不少原县城风貌的路名,折射着当年的集市繁华和商业行为。比如当时发达的手工业使大街小巷以此命名的地方应运而生,如"篾竹街""花衣街""盘香街"。繁忙的副食品贸易市场也集中在那儿,至今还留有"外咸瓜街""豆市街""面筋弄""磨坊弄""猪作弄"等路名。像"咸瓜街"就是当年福建和宁波商人在那儿卖咸黄鱼等集中开办海货贸易市场的所在地。

扫一扫　听录音

日常生活

▶ 甲：

　　普通话：你平常几点起床？

　　上海话：侬平常啥辰光起来啊？

▶ 乙：

　　普通话：我每天六点钟起床。

　　上海话：我每天六点钟起来。

▶ 甲：

　　普通话：这么早就起床了？

　　上海话：介早就起来啊？

▶ 乙：

　　普通话：我早上八点就上班了，单位离家远，所以要早起。

　　上海话：我早浪向八点钟就上班了，单位离屋里向远，葛咾要早一眼起来。

▶ 甲：

　　普通话：那你来得及送小孩上学吗？

　　上海话：葛侬来得及送小囡读书哦？

▶ 乙：

普通话：来不及。

上海话：来勿及个噢。

▶ 甲：

普通话：那怎么办？

上海话：葛末哪能办啊？

▶ 乙：

普通话：我请了一位保姆。她早上 7 点到我家，送孩子上学。

上海话：我请了一个保姆。伊早浪 7 点钟到我屋里，送小囡到学堂里去。

▶ 甲：

普通话：你来得及吃早餐吗？

上海话：侬吃早饭来得及哦？

▶ 乙：

普通话：我一起来，先煮鸡蛋，蒸肉包子，然后六点一刻叫孩子起床。

上海话：我一起来，先煠鸡蛋，蒸肉馒头，乃末六点一刻喊小囡起来。

▶ 甲：

普通话：早上时间很紧张。

上海话：早浪向辰光老紧张个。

▶ 乙：

普通话：对，我们一般六点三刻吃饭，七点吃完，孩子上学，我去上班。

上海话：是啊，阿拉常庄六点三刻吃饭，七点钟吃好，小囡读书，我去上班。

场景二／家庭琐事

▶ 甲：

普通话：你们家每天都买新鲜的菜吃吗？

上海话：倷屋里向每日天侪买新鲜个小菜吃哦？

▶ 乙：

普通话：每个周末，我都去大超市把一个星期的肉买了。

上海话：每个周末，我侪去大超市拿一个礼拜个肉买好。

▶ 甲：

普通话：我也是这样。

上海话：我也是搿能介个。

▶ 乙：

普通话：平时让保姆下午接了孩子后，顺便带一些蔬菜回家。

上海话：平常叫保姆下半日接好小囡以后，顺带便带一眼素菜转来。

▶ 甲：

普通话：我单位离家近，所以我每天下班还来得及买一些菜。

上海话：我单位离屋里近，葛咾我每日下班还来得及买一眼小菜。

▶ 乙：

普通话：你请了保姆吗？

上海话：侬保姆请了哦？

▶ 甲：

普通话：现在孩子大了，我就不请保姆了。

上海话：现在小囡大了，我保姆就勿请了。

▶ 乙：

普通话：那孩子上学怎么办？

上海话：葛末小囡到学堂哪能办啊？

▶ 甲：

普通话：早上我先生开车送小孩上学。

上海话：早浪向我先生开车子送小囡到学堂。

▶ 乙：

普通话：这样挺好的，孩子早上能多睡一会儿。

上海话：搿能介蛮好个，小囡早浪向好多睏一歇。

▶ 甲：

普通话：是的。下午放学以后，孩子跟同学一起坐公交车回家。

上海话：是个呀。下半日放学以后，小囡脱同学一道乘公交车回到
屋里。

▶乙：

普通话：孩子长大了，是可以自己回家了。

上海话：小囡大了，是可以自家回来了。

课后练习

一、语音仔细辨

1. 浊辅音声母训练 9

以下黑体字声母的国际音标写作[ɦ]。

（1）听音辨音

鞋—蟹　下—化　汗—汉　咸—喊

豪—好　后—吼　红—烘

（2）朗读词语

话柄　下去　号头　厚皮　害处　学生　合作

休闲　彩虹　图画　严寒　银行　大红　符合

2. 以下黑体字是读国际音标[i]的浊音零声母字

（1）听音辨音

盐—燕　爷—雅　有—幼　校—要

引—印　阳—映　荣—永　叶—益

（2）朗读词语

爷叔　盐水　油腻　校长　养生　摇篮　姨妈　幸福

草药　树叶　太阳　一样　表现　朝霞　恶形　旅游

二、词语分类记

1. 家居生活类词语

吃饭

买小菜：买菜

烧饭：做饭

吃茶：喝茶

打瞌睡：打瞌睡

着衣裳：穿衣

脱鞋子

汏手：洗手

揩面：洗脸

做生活：干活

睏觉：睡觉

2. 俗语举例讲

（1）**门槛精**：很精明。

　　上海话：做股票，伊门槛精。

　　普通话：做股票，他很精明。

（2）**头子活**：善于与人交际、头脑灵活。

　　上海话：伊人头熟，头子活，老兜得转个。

　　普通话：他熟悉人，善于周旋，门道通。

（3）**拎勿清**：笨，不能较快领会。

　　上海话：我待侬介好，侬勿要拎勿清噢！

　　普通话：我对你那么好，你别搞不清楚！

（4）**豁翎子**：给暗示。

　　上海话：侬勿豁只翎子拨我，我哪能晓得？

　　普通话：你不给我个暗示，我怎么知道？

（5）**轧苗头**：审时度势。

　　上海话：要做成功瓣桩事体，勿轧轧苗头是勿来三个。

　　普通话：要做成这件事情，不察言观色一下是不行的。

（6）**校路子**：校正思路、言行。

　　上海话：我看伊一眼也拎勿清，要侬去告伊校校路子咪。

　　普通话：我看他一点儿也不懂，要你去给他矫正一下方向了。

（7）**吃得开**：行得通，受欢迎。

　　上海话：伊辣外头总归吃得开来死个，就是辣屋里要受老婆个气。

　　普通话：他在外面总是很行得通，就是在家里要受老婆的气。

（8）**收骨头**：对人管束，使人不能胡说、乱动或松松垮垮。

　　上海话：开学了，乃倷瓣点小朋友要收骨头了。

　　普通话：开学了，这下你们这些小朋友不能松松垮垮了。

（9）**出毛病**：出问题。

　　上海话：拿介戆个写字台买回来，侬脑子出毛病了啊？

　　普通话：把这么差劲的书桌买回来，你脑子出问题啦？

（10）**意勿过**：不好意思。

　　上海话：今朝浪费了侬交关辰光，真有眼意勿过侬。

　　普通话：今天浪费了你许多时间，真有点不好意思。

三、语法一点通

"辣海"的用法

　　"辣海"最初有"在里面"的意思，后来扩大用作"在那儿"的意思。如："我要藏青颜色，不过要有点线条辣海个。""茶壶里放点茶叶辣海。"这里的"辣海"都还保留一点"在里面"的意思。"写字台浪有两张纸头辣海。"这句的"辣海"是"在那儿"的意思。再后来"辣海"虚化为表示"现状"语气："还有埃面柜台里向也有交关辣海。"就是表示"还有那边的柜台里也有很多在那儿"这样的现状。"足球踢得老紧张辣海。"就是现在的情况："足球踢得很紧张着呢"。这时相当于普通话的语气助词"呢"。再如："旁边还有一只包辣海。""隔搭有宾馆辣海。""伊有十块洋钿辣海。"

四、双言天天练

1. 请把下列上海话改成普通话

　　侬平常啥辰光起来？

　　侬介早起来啊？

2. 请把下列普通话改成上海话

　　每个周末，我都去大超市把一个星期的肉买好。

　　下午放学以后，孩子跟同学一起坐公交车回家。

五、乡语传乡情

1. 童谣系童心

一只狗

一只狗，

两只头，

三钿买来个，

四川带来个，

五颜六色个，

七支八搭个，

究竟哪能个，

实在呒没个。

侬姓啥

侬姓啥？我姓黄。

啥个黄？草头黄。

啥个草？青草。

啥个青？碧沥青。

啥个碧？毛笔。

啥个毛？三毛。

啥个三？高山。

啥个高？年糕。

啥个年？2016 年。

脱侬拜个年。

2. 谚语蕴智慧

疏忽一时，痛苦一世。（谨慎）

吃人一口，报人一斗。（感恩）

家眼勿见野眼见，野眼勿见天看见。（慎独）

3. 歇后语品味

砻糠搓绳——起头难

六月里着棉鞋——日（热）脚难过

六、用普通话说"上海记忆"

"马路"一词的诞生

"马路"一词的诞生，原是因为载人马车从西方输入租界代步后，需要修筑较宽的街道而取的名称。自从租界开辟以后，租界范围内出现了成批的以外国人名和地名命名的"马路"和"新村"，尤以法租界最甚。外国人名的马路多是纪念性的路名,如"爱多亚路"是用英皇爱德华七世名字的法文读法,"同孚路"的"同孚(Yatos)"是当时美国南浸信会的牧师晏玛太的姓氏。租界收回以后,这些路名都已荡涤,但人们在回忆和研究这段历史的时候,仍要提及或查询这些旧的路名。

扫一扫 听录音

看望亲眷

▶ 甲：

普通话：舅舅那儿好久没去了。

上海话：娘舅拉长远勿去了。

▶ 乙：

普通话：是的，他常常一个人在家太寂寞。

上海话：是个，伊常庄一介头辣辣屋里向，忒恹气。

▶ 甲：

普通话：明天我们全家都去玩好吗？

上海话：明朝阿拉一家门侪去白相好哦？

▶ 乙：

普通话：好的，买点什么东西去？

上海话：好个，买眼啥个物事去啊？

▶ 甲：

普通话：买两盒西洋参、一听碧螺春，行吗？

上海话：买两盒西洋参、一听碧螺春，好哦？

▶乙：

　　普通话：再买点瓜子、腰果、杏仁什么的。

　　上海话：再弄眼瓜子、腰果、杏仁咾啥。

▶甲：

　　普通话：好的，舅舅最喜欢吃螃蟹，再买几只螃蟹吧。

　　上海话：好个，娘舅老欢喜吃蟹个，再买几只大闸蟹去好了。

▶乙：

　　普通话：现在正是螃蟹最肥的时候，就买十只带去吧。

　　上海话：现在正好是大闸蟹顶奘个辰光，就买十只带去哦。

▶甲：

　　普通话：我马上去买。你给舅舅打个电话吧。

　　上海话：我马上去买。侬打只电话拨娘舅。

▶乙：

　　普通话：我们明天上午十点钟到舅舅家，可以吗？

　　上海话：阿拉明朝上半日十点钟到娘舅屋里，可以哦？

▶甲：

　　普通话：可以，早点打电话告诉舅舅吧。

　　上海话：好个，早点打电话告诉娘舅哦。

▶乙：

　　普通话：知道了，放心吧。

　　上海话：晓得唻，侬放心好了。

场景二／探望病人

▶甲：

　　普通话：今天我刚知道你生病了，下了班来看看你。

　　上海话：今朝我刚刚晓得侬辣生毛病，下仔班来望望侬。

▶ 乙：

普通话：一点儿小病，你不用来的。

上海话：一眼眼小毛病，侬用勿着来个呀。

▶ 甲：

普通话：你身体一直非常好，想不到突然之间就住医院了。

上海话：侬一向身体好来死，想勿到辣末生头就住医院了。

▶ 乙：

普通话：是啊，我自已也没想到。

上海话 是个呀，我自家也呒没料到。

▶ 甲：

普通话：医生怎么说？

上海话：医生哪能讲？

▶ 乙：

普通话：医生让我做心脏搭桥手术。

上海话：医生要我做心脏搭桥手术。

▶ 甲：

普通话：这可是一个大手术，你妻子同意吗？

上海话：搿个倒是个大手术，侬太太答应做哦？

▶ 乙：

普通话：她同意的。她跟我说不用担心家里，她会安排好的。

上海话：伊答应个。伊跟我讲用勿着担心屋里向，伊会得安排好个。

▶ 甲：

普通话：你妻子很好的。手术时间定了吗？

上海话：侬太太老好个。手术辰光敲定了哦？

▶ 乙：

普通话：定了，下周五手术。这几天在做一些常规检查。

上海话：定下来了，下个礼拜五开刀。搿两日辣辣做眼常规检查。

▶ 甲：

普通话：你安心养病，单位的事不用考虑，我都安排好了，多保重啊！

上海话:侬安心养身体,单位里向个事体勿要多考虑,我侪安排好了,多多
　　　　保重!

▶乙:

普通话:好的。给你添麻烦啦! 谢谢!

上海话:好个。脱侬添麻烦啦! 谢谢!

课后练习

一、语音仔细辨

以下黑体字是读国际音标[u]、[y]的浊音零声母字。

1. 听音辨音

湖—污	回—委	完—碗	浑—稳	黄—汪
滑—挖	余—喂	圆—怨	云—允	月—郁

2. 朗读词语

湖水	卫生	户口	馄饨	讨还	雄伟	灵魂
油滑	羽毛	悬空	月亮	落雨	遥远	忧郁

二、词语分类记

1. 亲属名称

爸爸:受普通话影响后现在一般称呼父亲为"爸爸"。
　　　老派上海话称"爹爹"。

姆妈:妈妈

爷:引称父亲时用,如对人说:"阿拉爷辣上班(我的父亲在上班)。"
　　当面不叫"爷"。(上海话"爷娘",即普通话的"父母"。)

娘:引称母亲时用

阿公:公公

阿婆:婆婆

老爹:祖父

唔奶:祖母

外公:外公

　　　　外婆:外婆

　2. 生活类词语

　　　　买小菜:买菜

　　　　开煤气

　　　　揩台子:擦桌子

　　　　拖地板

　　　　汏衣裳:洗衣服

　　　　掮抽头:翻抽屉

　　　　理物事:整理东西

　　　　掼垃圾:扔垃圾

　　　　囥钞票:藏钱

　　　　讲言话:讲话,俗写作"讲闲话"。

　　　　茄山河:闲聊,侃大山,又说"谈山海经"。

　　　　骂山门:大声骂人

　　　　吵相骂:吵架

　　　　打相打:打架

　　　　吃夜饭:吃晚饭

　　　　翻报纸:看报纸

　　　　打电脑

　　　　看电视

　　　　发微信

　　　　打电话

　　　　荡马路:逛街

　　　　走亲眷:走亲戚

　　　　买汏烧:操持家务(与"马大嫂"谐音)

　　　　白相相:玩

　3. 俗语举例讲

（1）淘浆糊:马马虎虎、敷衍塞责;不讲原则,和稀泥;说话东拉西扯;调解,
　　　　　　　摆平。

　　　上海话:烂污末拆足,领导还会讲伊好,侬讲伊会得淘浆糊哦?

　　　普通话:事情做得一塌糊涂,领导还会说他好,你说他会混吧?

（2）脚碰脚:差不离。

上海话:我搭侬两个人脚碰脚,呒啥好比高低个。

普通话:我跟你两个人差不多,没什么可比高低的。

(3) **野路子**:非正统,非科班出身。

上海话:伊来路勿明,大概是野路子里来个。

普通话:他来路不明,大概不是正规地方来的。

(4) **勿入调**:言行庸俗低级。

上海话:侬脱我规矩点,勿要勿入调来死!

普通话:你给我严肃点儿,别那么不正经!

(5) **小儿科**:不起眼、很简单的事;吝啬、气派小;做小孩做的幼稚可笑的事。

上海话:箇种生活我勿做,忒小儿科了!

普通话:这种工作我不做,太不起眼了!

(6) **懊闷痛**:难以名状的郁闷懊丧。

上海话:我吃着只搁头,有眼懊闷痛。

普通话:我碰了个钉子,有点有苦难言。

(7) **温吞水**:不冷不热、不紧不慢的脾气。

上海话:碰着箇种温吞水,侬急勿出个。

普通话:碰到这种不紧不慢的脾气,你不能急的。

(8) **软脚蟹**:胆小、意志薄弱的人。

上海话:碰着事体勿敢出头,伊是只软脚蟹!

普通话:遇到事情不敢挺身而出,他是个窝囊废!

(9) **十三点**:讥骂人说话、举止轻狂、痴癫或不合时宜,或指这样的人。

上海话:勿拨伊末要抢,拨伊末又勿要了,侬讲伊十三点哦!

普通话:不给她要抢,给她又不要了,你说她是不是二百五!

(10) **毛毛雨**:微不足道的数量。

上海话:对阿拉来讲,箇眼损失,真是毛毛雨,呒没关系个。

普通话:对于我们来说,这点损失,真是微不足道,没关系的。

三、语法一点通

"辣辣""辣海"的"进行体""存续体"用法

"辣辣"经常做介词,是"在……"的意思。如:"伊常常辣辣街道里帮忙搞点社区服务。""今朝辣辣箇搭办公室里碰头。""包辣我身浪!"

"辣辣""辣海"放在动词前边可以表示事情正在进行的"进行体"。如:

"侬现在辣辣跑啥个生意了？（你现在正在做什么生意?）""我个舅舅辣辣做房地产开发。（我舅舅正在做房地产开发。）""我辣海吃香烟。（我正在抽烟。）"

"辣辣""辣海"放在动词后面,可以表示动作结束以后,其状态还在延续着或存在着,称为"存续体",如:"辣屋里向坐辣海（在屋里坐着）。""辣勿景气个企业里搁辣海（在不景气的企业里待着）。""荡辣辣呒啥意思（闲在那儿没什么意思）。"

四、双言天天练

1. 请把下列上海话改成普通话

伊常庄一家头辣屋里忒恹气。

明朝阿拉一家门伲去好哦?

2. 请把下列普通话改成上海话

今天我刚知道你生病了,下了班来看看你。

你身体一直非常好,想不到突然之间就住医院了。

五、乡语传乡情

1. 童谣系童心

老伯伯

从前有个老伯伯,
年纪活到八十八,
八月八号早浪八点钟,
乘部八路电车,
乘到八仙桥,
吃碗八宝饭,
铜钿用脱八块八角八。

十稀奇

一稀奇,
麻雀踏杀老母鸡。
两稀奇,

小脚姑娘挑河泥。

三稀奇，

三间楼房砌辣鸡棚里。

四稀奇，

公鸡生蛋咯咯啼。

五稀奇，

轮船开辣阴沟里。

六稀奇，

黄牛关辣鸟笼里。

七稀奇，

石缸浸辣油瓶里。

八稀奇，

八仙桌装进拎包里。

九稀奇，

九十岁公公坐辣摇篮里。

十稀奇，

大石头汆辣黄浦里。

2. 谚语蕴智慧

屋宽勿如心宽。

叫人勿折本，舌头打只滚。

篱笆扎得紧，野狗钻勿进。

3. 歇后语品味

脚馒头浪打瞌睡——自靠自

蜻蜓吃尾巴——自吃自

六、用普通话说"上海记忆"

路名中的政治痕迹

　　一些路名反映了革命和政治的痕迹。比如"中华路"和"民国路"是民国时代的定名，其中"民国路"现改为"人民路"。"中山路"和"逸仙路"都是为了纪念孙中山，"自忠路"和"晋元路"是为了纪念抗日名将张自忠、谢晋元。今五角场地区有许多"国"字和"政"字起头的路名，如"国顺路"等，是20世纪30年代民国政府本拟在该地建设新上海、后因日军侵略而终止的痕迹。至于"延安路"和"淮海路"等路名,则是中国共产党革命历史的记录。

扫一扫　听录音

修修补补

▶甲：

　　普通话：张大妈，刚才是您报修下水道堵塞吗？

　　上海话：张家姆妈，下水道堵塞，是侬刚刚去报修个哦？

▶乙：

　　普通话：是啊，小李。没想到你这么快就来了。

　　上海话：是个呀，小李。呒没想到侬介快就来了。

▶甲：

　　普通话：是厨房的下水道，还是卫生间的下水道？

　　上海话：是厨房间个下水道呢，还是卫生间个下水道？

▶乙：

　　普通话：是卫生间的下水道堵住了。你看，一水池的水都流不下去。

　　上海话：是卫生间个下水道塞牢了。侬看，一盆个水侪下勿去。

▶甲：

　　普通话：别急，我先用机器疏通一下。

　　上海话：勿要急，我先用机器疏通疏通。

▶ 乙：

普通话：好，辛苦你啦！

上海话：好个，辛苦侬了！

▶ 甲：

普通话：哎哟，搞上来这么多头发！

上海话：喔唷，弄上来介许多头发！

▶ 乙：

普通话：真的，头发流不掉啊！

上海话：喔！真个喏，头发流勿脱个呀！

▶ 甲：

普通话：对，头发最容易堵住下水道。

上海话：对啊，顶容易塞牢下水道个就是头发。

▶ 乙：

普通话：这样看来，我每天都要把掉进池子里的头发捡一捡了。

上海话：辩能看来，我每日天侪要拿落到面汤台里个头发拾一拾了。

▶ 甲：

普通话：现在通了，您看水流得多快呀！

上海话：现在通了，侬看水流了几化通畅啊！

▶ 乙：

普通话：可不是吗，谢谢你啦！

上海话：咳，真个喏！谢谢侬噢！

场景二 / 寻找失物

▶ 甲：

普通话：我的手机不见了，怎么办？

上海话：我个手机勿见脱了，哪能办啊？

▶ 乙：

普通话：别急，别急，想想大概在什么时候掉的？

上海话：勿要急，勿要急，想想看，大概辣啥辰光落脱个？

▶ 甲：

普通话：吃午饭的时候，我还用手机打过电话。

上海话：吃中饭个辰光，我还用手机打过电话。

▶ 乙：

普通话：你会不会把手机放在餐馆的餐桌上了？

上海话：侬手机会勿会忘记脱辣餐厅个台子浪啦？

▶ 甲：

普通话：让我想想……我先点菜，小李到了之后，刚好上菜……

上海话：让我想想看哦……我先点菜，小李到了以后，正好上菜……

▶ 乙：

普通话：你刚才说吃饭的时候打过电话。

上海话：侬刚刚讲吃饭个辰光打过电话个呀。

▶ 甲：

普通话：对，对……

上海话：对个，对个……

▶ 乙：

普通话：那结过账后，你还打过电话吗？

上海话：葛末侬埋好单以后，电话还打过哦？

▶ 甲：

普通话：是呀，我刚才还奇怪呢，怎么一直没有电话呢！还真没打过。

上海话：咳，我刚刚还辣想唻，哪能一直呒没电话个啦？倒真个呒没打过啊。

▶ 乙：

普通话：现在才过去两个小时，赶快到餐馆去问问服务员。

上海话：现在刚刚过脱两个钟头，豪悠去餐厅问问服务员看。

▶ 甲：

普通话：好，好，工作上的事，先请你帮忙啊。

上海话:好个,好个,工作浪个事体,先请侬帮忙噢!

▶ 乙:

普通话:没事儿! 包在我身上!

上海话:勿搭界个! 包辣我身浪!

课后练习

一、语音仔细辨
韵母发音训练 1

上海话中保留了古汉语里的全部入声字。以下黑体字韵母均为入声韵,发音短促,后面有一个喉塞音刹尾,国际音标为[ʔ]。本课练习是将上海话语音中的入声字,与舒声字进行对比。

1. Aʔ——A

(1)听音辨音

百—拜 拍—派 白—牌 麦—买 搭—带 塔—太 达—汰

辣—喇 扎—债 杀—啥 石—柴 格—假 轧—茄 瞎—蟹

(2)朗读词语

答应 夹生 发生 刹车 达到 着手 人客 小麦

血压 八百 急煞 雪白 白吃 玉石 邋遢 轧出

2. oʔ——o

(1)听音辨音

北—把 扑—怕 薄—爬 木—马

作—炸 缩—晒 熟—茶 屋—哑

(2)朗读词语

索性 笃定 北风 木头 压缩 蜡烛 薄粥 碧绿

3. iʔ——i

(1)听音辨音

笔—比 劈—骗 别—皮 灭—米 跌—底 贴—体 力—礼 乙—意

(2)朗读词语

一只 节目 笔直 级别 血液 得益 积极 吃力

二、词语分类记

1. 生活用品类词语

洋钉:钉子

螺丝

拉手

梗子:棒儿

竹头

零件

蜡烛

手表

家生:家具

矮凳:板凳

台子:桌子

面盆:脸盆

被头:被子

2. 生活类用语

轧一脚:插一手

潒勿牢:挡不住

上路:做事通情达理,够朋友,讲义气。

识相:安分,知趣,不冒犯。

拎得清:很能领会,很灵敏。

派头大:气派大,大方。

呒没花头:没能耐,没门路,没特长。

有数:心中清楚,暗中已通,够交情。

3. 俗语举例讲

(1) **戳壁脚**:背后挑拨,说别人坏话。

上海话:要相信我,勿要听伊戳壁脚。

普通话:要相信我,别听他挑拨。

(2) **插外快**:占到意外的便宜。

上海话:事体勿好好叫做,老是想插外快。

普通话:事情不好好儿做,老是想占意外便宜。

（3）**扎面子**：争面子；有面子。

上海话：今朝老板穷表扬伊了，伊扎足了面子。

普通话：今天老板好好表扬了他，使他很有面子。

（4）**捉扳头**：找茬儿。

上海话：一个人要去捉伊一只扳头，总归有个。

普通话：要去找某个人的茬儿，总是有的。

（5）**触霉头**：倒霉；挖苦；用不吉利的话损人。

上海话：今朝碰着啥了？真是触霉头！

普通话：今天碰到什么了？被他挖苦了！

（6）**做手脚**：制造假象。

上海话：勿要相信伊讲个，里向是做过手脚辣海个。

普通话：别相信他说的，里面已经作了假了。

（7）**搭手脚**：插进来增添麻烦。

上海话：我正好做得紧张辣海，侬跑开点，勿要来搭手脚！

普通话：我正好做得紧张的时候，你离开点，别来添麻烦！

（8）**横东道**：打赌。

上海话：是赢还是输，大家来横个东道。

普通话：赢还是输，大家来打个赌。

（9）**敲木鱼**：再三告诫。

上海话：伊老自觉个，勿要我去敲木鱼个。

普通话：他很自觉，不需要我去一次次告诫的。

（10）**避风头**：躲过人祸；避开某事、某运动最剧烈的阶段。

上海话：事体牵连到伊，现在伊溜到外头去避风头去了。

普通话：事情牵连到他，现在他溜到外面躲避去了。

三、语法一点通

比较句的用法

表示顺比，用"比""比得过""及得上"，如："现在上海个交通比老早好多了。""我个能力比得过伊。""我上海言话及得上伊。"

表示逆比，用"比勿上""及勿上""比勿过""呒没"，如："现在反而浪费辰光，及勿上刚刚去乘地铁快了。""侬长跑比勿过我。""伊写字呒没侬好。"

四、双言天天练

1. 请把下列上海话改成普通话

我只手机勿见脱了,哪能办?

吃中饭个辰光,我还用手机打过电话。

2. 请把下列普通话改成上海话

是卫生间的下水道堵住了。你看,一水池的水都下不去。

这样看来,我每天都要把掉进池子里的头发捡一捡了。

五、乡语传乡情

1. 绕口令

小玲告小琴

小玲会得弹琴,

小琴会得敲铃。

小玲要敲小琴个铃,

小琴要弹小玲个琴。

小琴教小玲敲铃,

小玲教小琴弹琴。

乒乒乓

乒乒乓,

乒乒乓。

瓶碰甏,

甏碰瓶。

勿晓得是瓶碰甏,

还是甏碰瓶。

2. 谚语蕴智慧

吃勿穷,着勿穷,算计勿通一世穷。

天无一直雨,人无一世穷。

牛吃稻柴鸭吃谷,各人自有各人福。

3. 歇后语品味

飞机浪吊大闸蟹——悬空八只脚

大闸蟹走淮海路——横行霸道

六、用普通话说"上海记忆"

上海春节传统

春节,上海称"大年初一",又叫"开春"。一早起身后,旧习俗要"拜天地""拜四方",再向长辈"拜年",见人拱手"恭喜发财",还要吃"年糕"(谐音"年年高发"),吃"糯米圆子"或"汤团",喝"盖碗"里的"元宝茶",碗上可放一只青的"檀香橄榄"。正月初五,"接财神",又叫"接路头",大放炮仗烟花。有的店家,如果老板不通知你去店里"吃财神酒",那就是"回头生意",解雇你。元宵节又叫"灯节",正月十三起就"上灯",灯的花样五彩缤纷,直到正月十八歇灯。

扫一扫 听录音

菜场买菜

▶ **甲**：

普通话：今天鸡毛菜多少钱一斤？

上海话：今朝鸡毛菜几钿一斤啊？

▶ **乙**：

普通话：阿姨，今天鸡毛菜很便宜的，四元一斤。

上海话：阿姨，今朝鸡毛菜老便宜个，四块一斤！

▶ **甲**：

普通话：这么贵，人家只卖三元一斤。

上海话：介贵个，别人家只卖三块一斤。

▶ **乙**：

普通话：你仔细看看，很新鲜的啊！

上海话：侬看看清爽，勿要忒新鲜噢！

▶ **甲**：

普通话：土豆多少钱一斤？

上海话：洋山芋几钿一斤啊？

▶ 乙：

　　普通话：土豆很便宜的。五块钱两斤。

　　上海话：洋山芋嗷来死个。五块洋钿两斤。

▶ 甲：

　　普通话：好，我买两斤。

　　上海话：好，我买两斤。

▶ 乙：

　　普通话：阿姨，今天竹笋很新鲜，称几斤去好吗？八元一斤。

　　上海话：阿姨啊，今朝竹笋老新鲜个，称两斤去好哦？八块一斤。

▶ 甲：

　　普通话：那便宜些行吗？六元一斤算啦！

　　上海话：蒽便宜一眼来三勿啦？六块一斤末好唻。

▶ 乙：

　　普通话：不行。我不能做赔本生意。

　　上海话：勿来三个。折本生意我勿好做个。

▶ 甲：

　　普通话：好吧，好吧，你给我把竹笋后根剁掉一点，要称足分量。

　　上海话：好好好，侬脱我竹笋后根斩脱点，分量称称足。

▶ 乙：

　　普通话：好嘞！

　　上海话：一句言话！

场景二 / 餐厅用餐

▶ 甲：

　　普通话：先生，请问几位客人？

　　上海话：先生，请问有几个客人？

▶ 乙：

  普通话：八位。服务员，麻烦你给我一个安静的座位。

  上海话：八个。服务员，麻烦侬拨只静一眼个座位阿拉。

▶ 甲：

  普通话：好的，先生。这边请。

  上海话：好个，先生。请朝搿搭来。

▶ 乙：

  普通话：你们这儿什么菜最有名？

  上海话：倷搿搭啥个菜最有名气？

▶ 甲：

  普通话：我们有个烤乳鸽，很嫩，香极了。

  上海话：阿拉有只烤乳鸽，老嫩个，
         邪气香。

▶ 乙：

  普通话：白米虾多少钱一斤？

  上海话：白米虾几钿一斤啊？

▶ 甲：

  普通话：六十元一斤，很实惠的。我们做的蚝油牛肉、咖喱牛肉都很好。

  上海话：六十块一斤，老实惠个。阿拉个蚝油牛肉、咖喱牛肉侪老赞个。

▶ 乙：

  普通话：鲥鱼多少钱一斤？

  上海话：鲥鱼几钿一斤啊？

▶ 甲：

  普通话：对不起，先生，今天没有鲥鱼，有多宝鱼，五十元一斤。

  上海话：勿好意思，先生，今朝鲥鱼呒没，有得多宝鱼，五十块洋钿一斤。

▶ 乙：

  普通话：你们今天有什么特价菜吗？

  上海话：倷今朝有啥特价菜哦？

▶ 甲：

普通话：今天是燜油肉，一份只要 38 元。另外，鲜榨果汁买一扎送一扎。

上海话：今朝是燜油肉，一份只要 38 块。还有，鲜榨果汁买一扎送一扎。

▶ 乙：

普通话：好的，谢谢你！我看好菜单，再叫你点菜。

上海话：好个，谢谢侬！我看好菜单，再喊侬点菜。

课后练习

一、语音仔细辨

1. 韵母发音训练 2

（1）以下黑体字韵母的国际音标写作[ɛ]。读音相当于普通话 ye、yue 中的 e。

梅 雷 杯 推 台 来 开 改 单 谈 反 办

背心 反面 翻身 配方 推广 美丽 散漫 难板

（2）以下黑体字韵母的国际音标写作[ø]。读音相当于普通话中的 ü。把圆嘴唇张大一点。

端 暖 扇 看 穿 酸 蚕 断 安 汉 钻 盘

半数 看见 满天 短命 贪心 汤团 陪伴 算盘

（3）以下黑体字韵母的国际音标写作[o]。读音相当于普通话 o、uo 中的 o。

霸 怕 爬 骂 渣 叉 晒 茶 瓜 跨 花 话 模 沙 错

巴结 马路 模范 丫杈 错开 沙漠 模型 瓜果 嘴巴 琵琶

西瓜 中华

（4）以下黑体字韵母的国际音标写作[ɔ]。读音类似普通话的 ao，但是单元音，发音时口腔不活动。相当于英语"saw"（看）中的"aw"的发音。

保 好 高 招 朝 烧 操 毛 老 闹 咬 少

书包 炮兵 宝贝 抛弃 到底 报告 高考 逃跑

（5）以下黑体字韵母的国际音标写作[ɤ]。读音类似普通话的 ou，但是是单元音，发音时口腔不活动。相当于英式英语"bird"（鸟）中的"ir"的发音。

沟 欧 候 谋 斗 偷 绸 洲 丑 收 愁 后

手掌　首先　透气　西欧　走路　偷税　厚道　抽头　没收　接受　自首

2. 综合训练

男女——难过　　　　　隐瞒——快慢
伴唱——班车　　　　　团圆——弹开
段子——台子　　　　　南面——难免
乱世——来世　　　　　断命——待命
错乱——下来　　　　　下班——汗斑
盘算——爬山　　　　　挂旗——过期
消息——休息　　　　　叫人——救人
烧水——手势　　　　　唠叨——漏斗
稿子——钩子　　　　　盖头——狗头
茶道——曹操　　　　　把手——保守
沙发——烧法　　　　　高楼——瓜蒌
跨楼——扣留　　　　　扫扫——晒晒

二、词语分类记

1. 蔬菜名称、餐饮名称

卷心菜:包心菜

番茄:西红柿

洋山芋:土豆

小寒豆:豌豆

落苏:茄子

茭白:菰

芋艿

青椒牛肉

油爆虾

咸菜炒毛豆

三鲜汤

2. 形容词

(1) **浮惹惹**:形容做事不稳不牢靠。

上海话:做事体勿好浮惹惹。

普通话:做事不能浮在表面。

(2) **嗲溜溜**：形容娇媚的样子。

　　上海话：伊讲言话总归嗲溜溜个。

　　普通话：她说话总是嗲声嗲气的。

(3) **戆搭搭**：傻乎乎。

　　上海话：侬看搿个人，戆搭搭个。

　　普通话：你看这个人，傻乎乎的。

(4) **神烊烊**：舒坦、迷迷糊糊、陶醉的样子。

　　上海话：侬看搿个小囡晒太阳晒了适意得来，神烊烊个。

　　普通话：你看这个小孩晒太阳晒得很舒服，很陶醉的样子。

(5) **鬼触触**：形容鬼鬼祟祟的样子。

　　上海话：做事体要做得正大光明，勿要鬼触触个！

　　普通话：做事情要做得正大光明，不要鬼鬼祟祟的！

(6) **瘪塌塌**：形容扁瘪、口袋空虚。

　　上海话：人家个袋袋侪弹起来个，我个袋袋还是瘪塌塌辣海。

　　普通话：别人的口袋都鼓起来了，我的口袋还是空空的。

(7) **实别别**：形容充实饱满。

　　上海话：马甲袋里塞得实别别个，买了眼啥个物事啊？

　　普通话：塑料袋里装得结结实实的，买了些什么东西啊？

(8) **酸几几**：酸酸的。

　　上海话：桃子酸几几个，勿好吃。

　　普通话：桃子酸酸的不好吃。

(9) **毛乎乎**：形容不光滑。

　　上海话：搿件外套表面毛乎乎个，碰上去勿适意。

　　普通话：这件外套表面毛毛的，碰上去不舒服。

(10) **昏冬冬**：形容头昏糊涂的样子。

　　上海话：今朝睏觉呒没睏好，脑子昏冬冬个。

　　普通话：今天没睡好，脑袋瓜昏昏的。

(11) **煞煞齐**：非常整齐。

　　上海话：伊拉班级排队总归排了煞煞齐个。

　　普通话：他们班级排队总是排得很整齐。

(12) **拍拍满**：非常满。

　　上海话：一只篮头里，草莓装得拍拍满。

普通话:草莓在一个篮子里装得非常满。

三、语法一点通

双宾语句的用法

指动词带一个人和一个物,如普通话"给我一本书。"用上海话说是"拨我一本书。""给"说成"拨"。"送给我一本书。"上海话说:"送拨我一本书。"又如:"调拨我一块头好哦?"

上海话还有一个表示法是:"拨一本书拨我。""送一本书拨我。"前面一句可以用两个"拨(给)",又如:"请侬拨一张试卷拨我。"老年人还能说:"拨一张试卷我。"(即把普通话的双宾语前后位置倒一倒。)或"拨一张试卷拉我。"

四、双言天天练

1. 请把下列上海话改成普通话

侬看看清爽,勿要忒新鲜噢!

侬脱我竹笋后根斩脱眼,分量称称足。

2. 请把下列普通话改成上海话

你们这儿什么菜最有名?

我们有个烤乳鸽,很嫩,香极了。

五、乡语传乡情

1. 绕口令

嗲妹戴嗲表

嗲妹戴嗲表,

嗲妹背嗲包。

到底是嗲妹戴嗲表,

还是嗲妹背嗲包。

庙里一只猫

庙里一只猫,

庙外一只猫。

庙里猫要咬庙外猫，

庙外猫要咬庙里猫。

到底是庙里猫咬了庙外猫，

还是庙外猫咬了庙里猫。

2. 谚语蕴智慧

略知百行，勿如精通一行。

勿怕勿识货，只怕货比货。

勿怕笨，就怕混。

3. 歇后语品味

灯笼壳子——外头好看里向空

卫生口罩——嘴浪一套

六、用普通话说"上海记忆"

阴历二月里的风俗

二月初二叫"龙抬头"，象征春天生命的跃动。男子在这天要剃头，称为"剪龙头"。二月十二叫"百花生日"，又叫"花节"，宜种花草。二月第一个"丁日"，上海要举行"春丁祭"，到文庙祭孔。二月十九，是"观音菩萨生日"。上海的城隍神，生日在二月廿一。在阴历二月里，上海有"报春冷"，俗称道"老和尚过江""张大帝生日"，总有定时的寒潮来，冷热变化大。而夏秋转换较慢，所以上海有"秋冻春捂"之说。

扫一扫 听录音

第九课
服饰美容

场景一 / 购买服饰

▶ 甲：

普通话：先生，全场西装五折起，买一套吧。

上海话：先生，全场个西装五折起板，拿一套去哦。

▶ 乙：

普通话：有没有今年的新款？

上海话：今年个新款有哦？

▶ 甲：

普通话：有，不过新款只打九折。这一排就是，是新到的。

上海话：有个，不过新款只好打九折。搿排就是个，是刚刚到个。

▶ 乙：

普通话：这个样式比较休闲，我想买件正式些的西装。

上海话：搿个式样偏休闲了眼，我要买件正式眼个西装。

▶ 甲：

普通话：你看这件怎么样？做工非常考究，样式很正式，又很大气。

上海话：搿件侬看哪能？做工邪气考究，式样也正式，又老大气个。

▶ 乙：

    普通话：这款有几种颜色？有藏青色的吗？

    上海话：搿个款式有几种颜色？有得藏青个哦？

▶ 甲：

    普通话：有，我看你穿稍微浅一点的颜色更加配你的肤色。要试穿一下吗？

    上海话：有个，我看侬着稍为淡一眼个颜色更加配侬个面色。阿要着着看？

▶ 乙：

    普通话：好，麻烦你把藏青色的和那件浅颜色的都拿给我试试。

    上海话：好个，麻烦侬拿藏青颜色个还有搿件淡颜色侪拿拨我试试看。

▶ 甲：

    普通话：好。先生，再配一条领带吧。这条领带颜色亮一点，跟这件西装比较配。

    上海话：好个。先生，再配一条领带哦。搿条领带颜色跳一眼，脱搿件西装蛮配个。

▶ 乙：

    普通话：谢谢！我已经有领带了，今天就不买了。

    上海话：谢谢！我领带已经有了，今朝就勿买了。

▶ 甲：

    普通话：先生，您再试试这件米色的，看看效果。

    上海话：先生，侬再试试看搿件米色个哦，看看效果。

▶ 乙：

    普通话：米色是好看，不过容易脏，我就不试了。谢谢！

    上海话：米色好看是好看，就是老容易龌龊个，我就勿试了，谢谢！

场景二 / 化妆美容

▶ 甲：

    普通话：欢迎光临，小姐今天是想剪发还是烫发？

上海话：欢迎光临，小姐今朝头发要剪一剪还是烫一烫？

▶乙：

普通话：不用，洗一洗、吹一吹吧。

上海话：用勿着，汏一汏、吹一吹就可以了。

▶甲：

普通话：小姐先洗头吧？

上海话：小姐先汏头好哦？

▶乙：

普通话：好。

上海话：好个。

▶甲：

普通话：干洗还是湿洗？

上海话：干汏呢湿汏啊？

▶乙：

普通话：干洗吧。

上海话：干汏好了。

▶甲：

普通话：这样轻重可以吗？

上海话：辂能轻重可以哦？

▶乙：

普通话：稍微轻一点。

上海话：稍为轻一眼。

▶甲：

普通话：我们这儿还有美容，做面膜、蒸面、香熏，小姐要不要试试？

上海话：阿拉辂搭还有美容个，做面膜、蒸面、香熏，小姐要勿要试试看？

▶乙：

普通话：蒸面多少钱一次？

上海话：蒸面几钿一趟？

▶ 甲：

　　普通话：办张会员卡吧，每次消费打对折，卡里的钱下次还可以用，只要记账
　　　　　　就行。

　　上海话：办张会员卡哦，每趟消费打对折，卡里向个钞票下趟还好用，只要
　　　　　　记账就来三了。

▶ 乙：

　　普通话：算了，不办了吧，我也不是常用。

　　上海话：算了，勿办了，我也勿是经常用个。

课后练习

一、语音仔细辨

1. 韵母发音训练3

（1）以下黑体字韵母的国际音标写作 [ã]

　　　朋友　争气　冷天　生意　孟子　棚户　调羹　排场

（2）以下黑体字韵母的国际音标写作 [ɑ̃]

　　　唱歌　航天　爽气　创新　当年　上班　樟树

　　　说明：新派上海话，不分 ã、ɑ̃。

2. 综合训练

　　　穿绷　碰头　风向　猛门
　　　做梦　横对　迸裂　打人
　　　撑腰　杏仁　工厂　用场
　　　帮手　旁边　棒冰　放心
　　　纺织　荒地　黄鳝　汤水
　　　当然　郎中　堂妹　商店

二、词语分类记

1. 衣饰名称

　　衣裳

　　　裤子

　　　裙子

    汗衫

    衬衫

    肚兜

    纽子

    长统袜

    拖鞋

2. 形容词

(1) **促掐**：调皮刁钻损人，难以对付。

    上海话：做人勿要促掐，要老老实实。

    普通话：做人不要刁钻，要老老实实。

(2) **刮皮**：爱占人便宜；吝啬。

    上海话：五角洋钿也要算来算去，辮个人真刮皮！

    普通话：五毛钱也要反复算计，这人真吝啬！

(3) **吃瘪**：理亏而无言应对。

    上海话：刚刚伊还呼吆喝六，现在辣事实面前吃瘪了。

    普通话：刚才他还吆五喝六，现在在事实面前低头了。

(4) **吃香**：受欢迎，入时。

    上海话：现在法律专业毕业个学生老吃香个。

    普通话：现在法律专业毕业的学生很受欢迎的。

(5) **老鬼**：经验丰富，资格老；精明。

    上海话：要讲淘好书，我比伊老鬼多了。

    普通话：要说搜找好书，我比他资格老多了。

(6) **杀搏**：身强力壮，彪形身材；大刀阔斧地做动作。

    上海话：伊杀搏得唻，呒没人敢脱伊拼。

    普通话：他身强力壮，没人敢跟他比拼。

(7) **杀辣**：厉害，狠毒；严厉。

    上海话：要末勿做，要做就要做得杀杀辣辣。

    普通话：要么不做，要做就要做得严厉。

(8) **疙瘩**：这不行那不行，难弄。

    上海话：喔唷，辮个小囡横勿好竖勿好，真是疙瘩唻！

    普通话：喔哟，这个小孩子这也不好那也不好，真难伺候！

(9) **石骨挺硬**：非常坚硬。

上海话:箒块招牌石骨挺硬,呒没言话讲个!

普通话:这块招牌非常硬,没二话!

（10）**的粒滚圆**:非常圆。

上海话:箒眼弹子巧克力做得的粒滚圆。

普通话:这点弹子巧克力做得非常圆。

（11）**碧绿生青**:很绿。

上海话:侬看今朝个青菜呀,碧绿生青。

普通话:你看今天的青菜呀,非常绿。

（12）**刮辣松脆**:很松很脆。

上海话:糖水脆梅,真叫是刮辣松脆。

普通话:糖水脆梅,真是非常松脆。

三、语法一点通

动词重叠的常见形式及其意义

动词重叠的三种常见形式:

动词＋动词:如"吃吃,睏睏,蛮乐惠。"

动词＋动词＋宾语:"吃过夜饭,看看电视,上上网。"

动词＋动词＋补语:"被头叠叠好。""物事摆摆整齐。"

还有对称地用,如:"衣裳东乱乱,西掼掼。""东家走走,西家弯弯。"

动词重叠表示经常反复的动作。因为是反复断续的动作,所以语气比较轻松悠闲。如:"朋友淘里大家谈谈。""跟辣海唱唱也会唱了。""蹲辣屋里,音乐听听,游戏打打。"

四、双言天天练

1. 请把下列上海话改成普通话

欢迎光临,小姐今朝头发要剪一剪还是烫一烫?

阿拉箒搭还有美容个,做面膜、蒸面、香熏,小姐要勿要试试看。

2. 请把下列普通话改成上海话

这个样式比较休闲,我想买件正式些的西装。

我看你穿稍微浅一点的颜色更加配你的肤色。

五：乡语传乡情

1. 绕口令

龙华塔

上海有座龙华塔，
麻雀飞过擦一擦。
阿甲问阿达：
"是雀擦塔，
还是塔擦雀？"
阿达答阿甲：
"迭个是雀擦塔，
勿是塔擦雀。"

吃橘子

吃橘子，
剥橘壳，
橘壳瓰辣壁角落。
到底是橘壳瓰壁角，
还是壁角瓰橘壳？

2. 谚语蕴智慧

做人勿贪心，家富靠手勤。
功夫要拼，辰光要争。
真人面前勿说假，假人面前勿说真。

3. 歇后语品味

青皮橄榄——先苦后甜
蚊子叮菩萨——看错人头

（第十六课谜语的谜底：1. 日历；2. 桥；
3. 鸭、鼠、黄鼠狼、鸡；4. 春、夏、秋、冬。）

六、用普通话说"上海记忆"

阴历三、四、五月里的风俗

清明节去郊外"远足""踏青""放鹞子""插杨柳"，上坟祭祖，有的人家要吃桃花粥。清明节在阴历三月里的,叫"长三春";在阴历二月里的,叫"短三春"。三月十五日,著名的龙华庙会开始了,历时半个月。立夏要"尝新""称人"。端午"赛龙船""裹粽子","点艾蓬"熏屋,辟邪除毒,小儿挂"端午老虎"。五月十三日,上海关帝庙举行庙会祭祀关公,又是"磨刀日"。夏至日要吃面,上海俗话有"冬至馄饨夏至面"。

扫一扫 听录音

第十课
逛街购物

 / **逛逛马路**

▶ **甲：**

普通话：你难得来上海一次，我陪你逛逛街吧。

上海话：侬难板来一趟上海，我陪侬荡荡马路哦。

▶ **乙：**

普通话：太好了，我也正想逛逛呢。看看有什么有意思的东西，买一点儿带
回去。

上海话：忒好了，我也正好想兜兜。看看叫有啥有劲个物事，买一眼带转去。

▶ **甲：**

普通话：淮海路的商品高雅时尚，有海派特色。

上海话：淮海路个商品高雅时尚，有海派特色。

▶ **乙：**

普通话：我听说淮海路上的东西比较贵。

上海话：我听人家讲，淮海路浪向个物事蛮贵个。

▶ **甲：**

普通话：淮海路上有很多高档商品店。南京东路百年老店多，南京西路高档

精品专卖多。

上海话：淮海路浪有交关高档商品店。南京东路浪百年老店多，南京西路浪高档精品专卖多。

▶乙：

普通话：我们还是逛逛南京东路百年老店吧。

上海话：阿拉还是兜兜南京东路个百年老店哦。

▶甲：

普通话：你看，这里就是南京东路步行街。

上海话：侬看呀，矫搭就是南京东路步行街。

▶乙：

普通话：哟，上午就有这么多人啦！

上海话：喔唷，上半日就有介许多人啦！

▶甲：

普通话：可不是嘛，晚上更是人挤人。不过晚上霓虹灯亮起来，夜景很漂亮。

上海话：是个呀，夜里向更加是人轧人。不过夜里向霓虹灯亮起来仔，夜景交关漂亮。

▶乙：

普通话：这里的商场一家挨着一家，让人眼花缭乱。

上海话：此地个商场一爿接牢一爿，真个弹眼落睛嘛。

▶甲：

普通话：那里有一家很大的食品商店，要不要进去看看？

上海话：矫搭有一家老大个食品商店，进去看看哦？

▶乙：

普通话：好哇，我想买一点上海特色食品带回去，你帮我参谋一下。

上海话：好个呀，我想买一眼上海特色个食品带转去，侬帮我参谋参谋。

场景二 / 小摊还价

▶ 甲：

普通话：有防臭鞋垫吗?

上海话：有得防臭鞋垫哦?

▶ 乙：

普通话：有,这就是。

上海话：有个,辣个就是个。

▶ 甲：

普通话：多少钱一双?

上海话：几钿一双啊?

▶ 乙：

普通话：两块钱一双,五块钱三双。

上海话：两块洋钿一双,五块洋钿三双。

▶ 甲：

普通话：我买三双,给你五块钱。哎,这种发箍多少钱啊?

上海话：我买三双,五块洋钿拨侬。哎,辣种头箍几钿啊?

▶ 乙：

普通话：十块钱一个。旁边镶水钻的,是二十块钱一个。

上海话：十块洋钿一只。旁边镶水钻个,是廿块洋钿一只。

▶ 甲：

普通话：你还有别的款式吗?

上海话：侬还有得别个样子哦?

▶ 乙：

普通话：都在那里了。我这里有镜子,你可以戴一下试试。

上海话：侪辣辣搭了。我此地有镜子,侬好戴戴看。

▶ 甲：

　　普通话：这个二十块的能便宜一点吗？

　　上海话：辣个廿块洋钿个好便宜眼勿啦？

▶ 乙：

　　普通话：那个批发价就很贵，我这是小本生意，要么我送你一对这种发卡吧。

　　上海话：辣个批发价就老贵个，阿拉是小本生意，要末我送侬一对辣种轧叉灯哦。

▶ 甲：

　　普通话：我不喜欢那种发卡，送这种行吗？

　　上海话：辣种轧叉我勿欢喜，送辣种来三哦？

▶ 乙：

　　普通话：拿去吧，拿去吧。

　　上海话：拿去哦，拿去哦。

课后练习

一、语音仔细辨

1. 韵母发音训练 4

（1）以下黑体字韵母发音均同汉语拼音的 in

　　品味　**亲**手　**情**景　冰块　厅堂　**银**子　士**兵**　姓**名**

（2）以下黑体字韵母发音均同汉语拼音的 en

　　更加　**辰**光　矮**凳**　**能**力　**肯**定　电灯　课**本**　城**门**

（3）以下黑体字韵母发音均同汉语拼音的 ong

　　凤凰　**通**知　公**斤**　**东**方　台**风**　裁**缝**　**蓬**松　**通**红

2. 综合训练

　　经过　冰箱　评论　英明　定向　灯罩　文化

　　城市　风衣　冬至　工资　功课　红糖　懵懂

二、词语分类记

1. 商业用语

　　开店

做生意

开张

打烊:停止营业

讨价还价

工钿:工资

开销

涨价

跌价

2. 形容词

(1) **活络**:筋骨、器物衔接处活动;灵活;话不确定。

上海话:箇个小囡活络得勿得了,用勿着担心个。

普通话:这个小孩儿灵活得不得了,不用担心。

(2) **板结**:物体因失去水分而收缩变硬。

上海话:箇块糕外头摆了辰光长了,老板结个。

普通话:这块糕在外面放的时间长了,很干。

(3) **软熟**:纸张、被子、床铺、衣服等软而有舒适感。

上海话:箇条被头老软熟个。

普通话:这条被子很柔软的。

(4) **腻心**:脏得使人恶心难受。

上海话:侬看侬房间,哪能介腻心个啦!

普通话:你看你房间,怎么这么脏!

(5) **触气**:惹人厌。

上海话:像伊介触气个人还是少有出见个!

普通话:像他那么惹人厌的人还真是少见!

(6) **茄门**:不起劲,没兴趣。

上海话:我对箇种讲座是老茄门个。

普通话:我对这种讲座是没什么兴趣的。

(7) **悾气**:闲着无聊而感到寂寞。

上海话:今朝蹲辣屋里向呒没事体做,老悾气个。

普通话:今天待在家里没事情做,很无聊。

(8) **作孽**:做了伤害人的事情;值得同情、可怜。

上海话:老早伊拉一家门三个人轧辣八个平方个房子里向,老作孽个。

普通话:从前他们一家三个人挤在八个平方米的房子里,很可怜。

(9) **走油**:事情不佳,糟了;不可开交,够呛。

上海话:过年前头,我是忙得来走油,脚也要揿起来了。

普通话:过年前,我忙得够呛,脚都想举起来帮忙。

(10) **脱底**:不留余地,不留后路。

上海话:伊搿记做了老脱底个,吭没办法救了。

普通话:他这下做得很绝的,没有办法挽救了。

(11) **腡肿**:懊丧,不愉快。

上海话:排队排到了,票子卖光了,腡肿勿啦!

普通话:排队排到了,票子卖完了,真难过!

(12) **懊怅**:懊悔。

上海话:刚刚勿当心拿只古董花瓶敲碎脱了,懊怅煞了。

普通话:刚刚不小心把那只古董花瓶敲碎了,后悔死了。

三、语法一点通

"给"字句和"把"字句

1. "给"字句

上海话用"脱"代表"替",如:"脱我订一张飞机票。""脱我去买一张报。"

2. 经常不用"把"字句

上海话很少用普通话的"把"字句形式,而直接把接受动作的事物放在前面,如普通话的"把空调开大一点行吗?"上海话说:"空调开大一眼好哦?"又如:"侬衣裳汏了哦?(你把衣服洗了没有?)"要是用"把"字句,上海话说"拿",如:"拿空调开大一眼好哦?"。

四、双言天天练

1. 请把下列上海话改成普通话

两块洋钿一双,五块洋钿三双。

搿种轧叉我勿欢喜,送搿种来三哦?

2. 请把下列普通话改成上海话

你难得来上海一次,我陪你逛逛马路吧。

这里的商场一家挨着一家,让人眼花缭乱。

五、乡语传乡情

1. 绕口令

一个老伯伯

一个老伯伯，
脚浪着双白袜，
到田里向去拔麦。
为仔拔麦，
弄龌龊脚浪向双白袜。
拍一拍脚浪双白袜，
搞起田里向拔个麦。
到房间里向，
肩胛浪向放下拔个麦，
脚浪脱下弄龌龊个白袜，
马上汏白袜。
又要汏白袜，
又要摆拔麦。
又要晒白袜，
又要晒拔麦。
为来为去到田里向去拔麦，
弄龌龊脚浪向孵双白袜。

2. 谚语蕴智慧

树从根老，人从心老。
裤带越长，寿命越短。
娱乐长精神，快活长寿命。

3. 歇后语品味

蒸笼里个馒头——自高自大
栈房里个臭虫——吃客

六、用普通话说"上海记忆"

阴历七、八、九月里的风俗

七夕又称"七巧"，又作"乞巧"。七月半"中元节"是鬼节，"斋田头"转为

"斋弄堂"。七月三十日是"地藏王菩萨生日",实际是"涅槃日",要"插地香"。中秋是"团圆日",举家团圆,家家户户"举头望明月",要吃月饼。八月廿四观潮,最为壮观。九月初九"重阳日",又称"登高日",家家"蒸糕",取"糕"与"登高"的"高"谐音,以"步步高"相祝,"重阳糕"上还要插"重阳旗",而高桥的"松糕"久负盛名。

扫一扫 听录音

乘出租车

▶ 甲：

    普通话：先生，请问去哪里？

    上海话：先生，请问要到啥地方去？

▶ 乙：

    普通话：到虹桥火车站。

    上海话：到虹桥火车站。

▶ 甲：

    普通话：要不要上高架走？

    上海话：要勿要走高架？

▶ 乙：

    普通话：随便怎么走，怎么方便怎么开。

    上海话：随便哪能走，哪能方便就哪能开。

▶ 甲：

    普通话：那就上高架吧。

上海话：葛末就走高架哦。

▶ 乙：

普通话：行。

上海话：好个。

▶ 甲：

普通话：请问你的火车是几点的?

上海话：请问侬个火车是几点钟个啊?

▶ 乙：

普通话：八点三刻。

上海话：八点三刻。

▶ 甲：

普通话：现在是七点半,时间来得及。

上海话：现在是七点半,辰光来得及个。

▶ 乙：

普通话：我担心堵车,所以早点出发。

上海话：我担心堵车,葛咾早眼走了。

▶ 甲：

普通话：不用担心,刚才上匝道上方的
显示屏是绿的,说明道路很
通畅。

上海话：用勿着担心,刚刚上匝道上头
个显示屏是绿颜色个,就是讲
道路邪气畅通。

▶ 乙：

普通话：那就好。

上海话：葛就好。

场景二/买火车票

▶甲：

普通话：请问后天上午去南京的火车票还有吗？

上海话：请问，后日上半日到南京去个火车票还有哦？

▶乙：

普通话：有，"动车"和"高铁"都有。

上海话：有个，"动车"得仔"高铁"侪有个。

▶甲：

普通话：我想买三张高铁票。两张成人票，一张儿童票。

上海话：我想买三张高铁票子。两张大人票，一张小人票。

▶乙：

普通话：小孩多大了？有多高？

上海话：小人几岁啦？有多少高？

▶甲：

普通话：小孩十岁了，刚好一米。

上海话：小囡十岁了，正好一米。

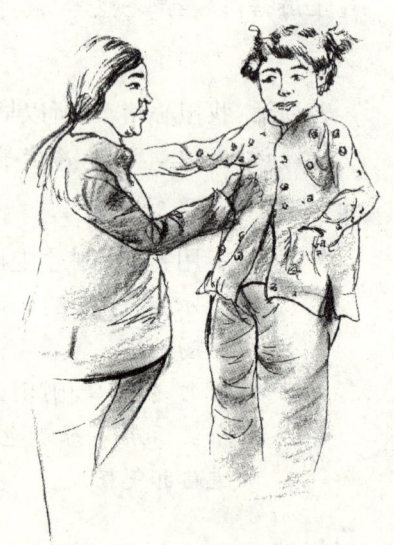

▶乙：

普通话：小孩买票需要户口本。

上海话：小囡买票子要看户口簿个。

▶甲：

普通话：户口本给你，这一页是小孩的信息。

上海话：户口簿拨侬，搿页是小囡个信息。

▶乙：

普通话：买成人票需要身份证。

上海话：买大人票需要身份证。

▶甲：

普通话：这是两张身份证。

上海话:搿个是两张身份证。

▶乙:

普通话:两张成人票,一张小孩票,小孩票是半价。

上海话:两张大人票,一张小人票,小人票是半价。

▶甲:

普通话:好,麻烦给一个靠窗口的座位,三张票都在一起好吗?

上海话:好个,麻烦侬拨阿拉一只靠窗口头个位置,三张票子连辣一道好哦?

▶乙:

普通话:好的,正好还剩一张靠窗口的票了。

上海话:好个,正好还挺一张靠窗口头位子个票子了。

课后练习

一、语音仔细辨

声调发音训练 1

1. 上海话有如下 5 个声调

第一声,阴平 52,例如:边、低、机、加、西

第二声,阴去 34,例如:比、底、几、假、戏

第三声,阳去 23,例如:皮、第、其、茄、徐

第四声,阴入 5,例如:笔、滴、急、夹、吸

第五声,阳入 12,例如:白、别、力、蝶、席

声调的差异主要由音高的高低来决定,用数字来表示,1 是最低的,5 是最高的。

2. 连读变调

上海话中,两个字、三个字、四个字成为一个词单位在连读时,单字声调会发生变读,这就是声调的连读变调。

(1) 第一声(阴平)的连调是一降到底。即一个或几个连在第一声阴平字后的字,不管原来什么声调,都是去自己的声调,跟着第一个字一降到底。

阴平连读变调训练

二字组:55+21(简式 5+1)

医生	飞机	松香	今年	天堂	阴历
开水	兄弟	相信	花样	亲切	中学

三字组：55＋33＋21（简式5＋3＋1）

天花板　　生意人　　新朋友　　天主教　　歌舞团

三角尺　　工具书　　医务室　　西北风　　音乐会

（2）第五声（阳入）的连调是由底往上升，升到半高位置。

二字组：11＋23（简式1＋3）

肉丝　　石榴　　白果　　药水　　杂技　　热气

绿豆　　服务　　蜡烛　　及格　　腊肉　　独立

三字组：11＋22＋23（简式1＋2＋3）

日光灯　　肉丝面　　肉馒头　　白头发　　热水瓶

白米饭　　木偶剧　　绿豆汤　　服务站　　白菊花

3. 综合训练

欺骗　　西瓜　　因为　　今朝　　新鲜　　灯泡　　分开　　张罗

日本　　热昏　　白相　　觕搭　　拾着　　落脱　　特别　　着实

二、词语分类记

1. 交通用语

差头：的士，出租汽车

大巴

中巴

面包车

助动车

无轨电车

公交车

脚踏车：自行车

黄鱼车：脚踏三轮小货车

2. 俗语举例讲

（1）**照排头**：依靠别人的力量办事；按理，总归。

上海话：现在觕副牌，照牌头拨伊赢得去个。

普通话：现在这副牌，总归是他赢的。

（2）**借因头**：找与某事稍有关系的理由。

上海话：勿搭伊好了，侬总归要借个因头回头伊。

普通话：不跟她好了，你总要找个理由回绝她。

（3）**一脚去**：很快告终。常指很快死去。

上海话：伊肝炎假使再发作，就一脚去了。

普通话：他的肝炎如果再次发作，就完了。

（4）**搞七廿三**：乱搞一气，胡缠。

上海话：事体侪明摆辣海个，侬来搞七廿三做啥？

普通话：事情都明摆着，你来胡缠个什么？

（5）**亨八冷打**：全部，统统。

上海话：旧报纸拨我亨八冷打卖脱了。

普通话：旧报纸被我统统卖了。

（6）**一塌刮子**：全部，统统。

上海话：我一塌刮子辣海，只有 6 块洋钿。

普通话：我全部算在内，只有 6 元钱。

（7）**熟门熟路**：得心应手；门路很熟。

上海话：讲老上海个掌故末，伊是熟门熟路唻！

普通话：说起老上海的掌故，他可是得心应手呢！

（8）**热大头昏**：昏了头。

上海话：侬想我会得答应侬啊？热侬个大头昏个！

普通话：你想要我答应你？昏了头了！

（9）**一笔糊涂账**：事情做得一团糟。

上海话：侬看伊做个啥个事体，一笔糊涂账！

普通话：你看他做了些什么，一团糟！

（10）**烂糊三鲜汤**：做事胡来，不负责任，搞得乱七八糟。

上海话：搿个人做事体，真是烂糊三鲜汤，靠勿牢伊个！

普通话：这人做事，就是乱七八糟，靠不住的！

三、语法一点通

并列连词的用法

相当于普通话"和"（如"小王和小张"）或"跟"（如"我跟你"）的连词，上海话中原有的有"**脱**""**脱仔**""**得**""**得仔**"几个。"脱"源自"替"，如"脱我做事体"；"得"源自"对"，如"我得侬讲"。后来又有"**告**"，新起的有"**帮**"，青年人用得多，青年人还用从普通话过来的"**跟**"。

四、双言天天练

1. 请把下列上海话改成普通话

要勿要上高架走?

随便哪能走,哪能方便就哪能开。

2. 请把下列普通话改成上海话

我想买三张高铁票,两张成人票,一张小孩票。

刚好还剩一张靠窗口的票了。

五、乡语传乡情

1. 上海民歌

山歌唱开场

四句头山歌唱开场,

竹节草爬藤路陌生。

新打剪刀难开口,

冷水里打浆面夹生。

雨祖宗

东北风雨祖宗,

西南风暖烘烘;

日晕要落雨,

月晕必有风。

2. 谚语蕴智慧

宁吃四两,勿吃半斤。

三日勿吃青,眼睛冒金星。

饭后百步,勿上药铺。

3. 歇后语品味

老虫跳进白米囤——尽吃

三月里芥菜——早生心

4. 谜语

(1) 驼背老公公,

胡苏翘松松。

杀脱呒没血,

一烧就变红。

（2）一个黑小囡，
　　从小口勿开。
　　总算开仔口，
　　舌头跌出来。

（3）圆头小人排排坐，
　　拨一拨，动一动。

（谜底请在本书中找。）

六、用普通话说"上海记忆"

婚庆习俗中的上海话

上海话中，表达婚庆方面的词语很有特点。婚事称"喜事"。结婚旧称"做亲""圆房""好日"；新称"结婚""出嫁"，又称"出门"。双方家庭旧称"男家""女家"；新称"男方""女方"。结亲双方旧称"新官人""新娘子"；新称"新郎""新娘"。入赘女婿旧称"入（音'逆'）舍女婿"；新称"上门女婿"；招婿的女儿旧称"坐家囡"。这反映了过去以男子为中心的农业社会的婚姻观念。现在上海新婚夫妇一般都自买新房，或谁家有房就在谁家成家，男女平等。

扫一扫　听录音

89

租赁房屋

▶ 甲：

普通话：先生，想租什么样的房子？

上海话：先生，侬想租哪能介个房子？

▶ 乙：

普通话：我要一室一厅的。

上海话：我要一室一厅个。

▶ 甲：

普通话：你要什么地段的房子？

上海话：侬要啥个地段个房子？

▶ 乙：

普通话：我要靠近金沙江路地铁站的房子。

上海话：我要靠近金沙江路地铁站个房子。

▶ 甲：

普通话：你看这套怎么样？详细信息在这里。

上海话：搿套侬看哪能啊？详细信息辣搿搭。

▶ 乙：

　　普通话：一楼的房子黄梅天起潮，我不想要一楼的。

　　上海话：一楼个房子黄梅天返潮，我勿要一楼个。

▶ 甲：

　　普通话：那你想要几楼呢？

　　上海话：葛末侬想要几楼个呢？

▶ 乙：

　　普通话：我最好是要三、四层楼的多层楼房。

　　上海话：我最好是多层房三、四层楼。

▶ 甲：

　　普通话：这个小区有一套三楼的房子出租，走到地铁大约二十分钟。

　　上海话：搿个小区有一套三楼个房子出租，走到地铁站大概廿分钟。

▶ 乙：

　　普通话：是不是装修好的？

　　上海话：是勿是装修好个？

▶ 甲：

　　普通话：是简单装修房，里边有电话、空调，还有煤气、热水器和洗衣机。

　　上海话：是简单装修个房子，里向有电话、空调，还有煤气、热水器脱仔洗
　　　　　　衣机。

▶ 乙：

　　普通话：就租这一套吧，租金怎么算？

　　上海话：就租搿套好唻，租金哪能算法？

场景二 / 预定客房

▶ 甲：

　　普通话：小姐，这个宾馆有没有空房？

　　上海话：小姐，搿只宾馆有空房间哦？

▶乙：

　　普通话：有，先生你需要几间？
　　上海话：有个，先生侬要几间？

▶甲：

　　普通话：两间。
　　上海话：两间。

▶乙：

　　普通话：我们有标房、套房、豪华套房，你们要哪一种？
　　上海话：阿拉有标房、套房、豪华套房，侬要阿里一种？

▶甲：

　　普通话：我们住标房吧，多少钱一晚？
　　上海话：阿拉住标房好了，几钿一夜？

▶乙：

　　普通话：这儿是三星级宾馆，300 元一晚。请问你们住几天？
　　上海话：瓣搭是三星级宾馆，三百元一夜。请问侬住几日天啊？

▶甲：

　　普通话：我们要住三天。
　　上海话：阿拉要住三夜。

▶乙：

　　普通话：给你 3 楼 305 房间、306 房间。行吗？
　　上海话：拨侬 3 楼 305 房间、306 房间。好哦？

▶甲：

　　普通话：行。
　　上海话：好个。

▶乙：

　　普通话：我们赠送早餐，凭房卡用餐。
　　上海话：阿拉送早饭个，凭房卡用餐。

▶ 甲：

普通话：谢谢！这儿可以订飞机票吗？

上海话：谢谢！搿搭好订飞机票哦?

▶ 乙：

普通话：可以代订。

上海话：好代订个。

课后练习

一、语音仔细辨

声调发音训练 2

1. 第二声(阴去)、第四声(阴入)的连调。

二字组　33＋44(简式:3+4)

酒缸　　好人　　广告　　吵闹　　粉笔　　小学　　太阳　　兴趣

快乐　　秘密　　北风　　竹头　　出口　　客气　　龌龊　　吃力

三字组　33＋55＋21(简式:3+5+1)

水晶宫　小朋友　指导员　扫帚柄　照相机　汉白玉

2. 第三声(阳去)的连调。与第二声调形一样,就是第一字音因浊音而低一度。

二字组　22＋44(简式 2+4)

南风　　牛奶　　阳历　　冷水　　社会　　礼物

动物　　外甥　　地球　　现在　　豆腐　　大陆

三字组　22＋55＋21(简式 2+5+1)

图书馆　黄芽菜　劳动力　灵活性　女朋友　　导火线

下半年　冷热病　办公室　大耳朵　豆腐干　艺术家

二、词语分类记

1. 租赁用语、订房用语

房子:房屋;屋子

房间

弄堂房子:弄内成排的房子

石库门：一种砖木结构的房子名称，有前楼、后楼、天井、客堂，门边用石
条砌成。

新村：新式里弄住宅，矮墙，小铁门，天井成了小花园。

旅馆

饭店

宾馆

套房

标房：标准客房

2. 俗语举例讲

（1）**揩便宜**：讨便宜，占便宜；侮辱他人。

上海话：宁可自家多吃眼亏，勿要只想揩人家便宜。

普通话：宁可自己多吃点儿亏，不要只想占人家便宜。

（2）**调枪花**：玩弄言词，玩弄手法。

上海话：侬又要嘻皮搨脸调枪花了。

普通话：你又要嬉皮笑脸地玩手法了。

（3）**卖野人头**：装作精通，弄假骗人。

上海话：侬勿要当我是洋盘噢，辣辣我面前卖啥个野人头！

普通话：你别把我当作不识行情的人，在我面前弄什么假！

（4）**卖狗皮膏药**：自我吹嘘，弄虚作假。

上海话：伊只会卖卖狗皮膏药，真个要做又做勿来了。

普通话：他只会嘴上功夫，真的要他做是干不成的。

（5）**勿是生意经**：决不能做到；不像话；不妙。

上海话：侬拿事体弄得辫能样子，真勿是生意经！

普通话：你把事情搞成这样，真不像话！

（6）**耳朵打八折**：责怪对方没听清话。

上海话：侬为啥勿照我个言话去做啊？耳朵打八折啊？

普通话：你为什么不按我的话做啊？耳朵没听清啊？

（7）**吃空心汤团**：得到不能兑现的许诺。

上海话：侬勿要忒相信伊，当心伊拨侬吃空心汤团。

普通话：你别太信任他，小心他给你开空头支票。

（8）**吃饱生米饭**：指责人态度生硬恶劣。

上海话：侬哗啦哗啦做啥啦？侬吃饱生米饭啦？

普通话：你哇哇大叫干吗？吃饱啦？

（9）**戆进勿戆出**：装着傻乎乎，老是占便宜。

上海话：侬勿要看伊像戆来死个，伊是戆进勿戆出噢！

普通话：你别看他像很傻的，他的傻是只收进不支出的！

（10）**闷声大发财**：不出声、不声张而获利。

上海话：人家争得来死去活来，伊一家头辣辣旁边闷声大发财。

普通话：人家争得死去活来，他一个人在旁边不出声而获利。

二、语法 一点通

几种问句的用法

1. 是非问句的用法

上海话要对方回答"是"还是"不是"的问句常用的形式，通常是在句子的末尾用语气词"哦（吗）"。如："苹果称两斤去好哦？""侬是老师哦？"

上海话问事的时候，还常常在说了一句话后，用"对哦""是哦"来问，有时用来希望对方确认。

注意："哦"还能表示商量语气，如普通话的"吧"。例："来一只烤鸭算了哦？"

是非问句句尾如用**"勿啦"**，则口气稍重一点，有时有"到底"的意味，有时带点要求对方的意思，希望有个确切的回答，如："侬南京去勿啦？（你到底去不去南京？）"表示希望对方去。不过这时句末语调会重一点。如果不重，就与"哦（吗）"语义相同。

是非问句的另一种形式，采用"动词＋勿＋动词"的正反问形式，如："辣搭有**勿有饭店？""侬茶叶要勿要？"**

还有一种是"阿＋动词"形式，如："侬阿要茶叶？""伊阿是去过了？"也是可以用"点头"和"摇头"代替答问的。不过，这种形式在上海话中现在只用于"阿"与极少数几个动词的固定组合了，如"阿是""阿要""阿会得""阿晓得"。

2. 选择问句

选择问句用助词**"呢"**或**"还是"**连接被选择的两件事提问。如："头发剪一剪，还是烫一烫？""剪头发呢，还是做美容？""干汏呢湿汏？""去杭州呢，还是去苏州呢？"

3. 特指问句

这种问句是用来问特定项的。如"侬是啥人？""侬要到啥地方去？""现在是几点钟了啊？""侬为啥欢喜我？""辣个生活哪能做？"

四、双言天天练

1. 请把下列上海话改成普通话

小姐，箇搭宾馆有勿有空个房间？

箇搭是三星级宾馆，三百块一夜。

2. 请把下列普通话改成上海话

你要什么地段的房子？

有简单装修房，里边有电话、空调，还有煤气、热水器和洗衣机。

五、乡语传乡情

1. 上海民歌

乌云歌

乌云接得高，

明朝晒断腰。

乌云接得低，

半夜雨绵绵。

雨歌

一落一只泡，

落停就好跑。

一落一只钉，

落死落煞落勿停。

2. 谚语蕴智慧

糖甜一口，心甜一生。

一笑解千愁，神佛勿用求。

人勤病就懒，人懒病就勤。

3. 歇后语品味

橄榄核垫床脚——活里活络。

四金刚摇船——大推大扳。

4. 谜语

(1) 一头烧来一头吃。

(2) 东面一座山，

西面一座山，
永世勿往来。

（3）瘦长身体，尖头把戏。
外面着个木头衣，
一根肚肠通到底。

（4）小小辫子竖上天，
吮头吮脚活神仙。
肚里能囥男跟女，
叮叮当当奔向前。

（谜底请在本书中找。）

六、用普通话说"上海记忆"

婚姻习俗中的上海话

　　过去婚嫁，尤其是有钱人家的婚事，有繁缛的程序。伴随着这些礼仪活动，就有一系列的词语，比如"说媒""攀亲""过庚""出八字"，用"花轿""迎亲"，赠"财礼"，送"陪嫁"。现在崇尚自由恋爱，或亲人、熟人"介绍"，因此"介绍人"的称呼代替了"媒人"，"婚姻介绍"简称"婚介"。现今结婚要办"结婚证书"，结婚仪式仍保留"证婚人"的角色，男方女方各有"伴郎""伴娘"，过去叫男、女"傧相"。

扫一扫　听录音

邮寄取款

▶ **甲：**

  普通话：小姐，我想寄两个包裹，需要办什么手续？

  上海话：小姐，我想寄两只包裹，要办点啥个手续？

▶ **乙：**

  普通话：包裹里是什么？

  上海话：包裹里向是啥物事啊？

▶ **甲：**

  普通话：都是衣服。

  上海话：侪是衣裳。

▶ **乙：**

  普通话：请你先把这两张单子填好，再把包裹拿过来称一下。

  上海话：请侬先拿辣两张单子填好，再拿包裹拿过来称一称。

▶ **甲：**

  普通话：好，麻烦问一下，你们这里有针线吗？我有一个袋子裂开了。

  上海话：好个。麻烦问一声，倷搿搭有得引线咾啥哦？我有只袋袋逆开来了。

▶ 乙：

　　普通话：有，给你。另外，不要把寄件人、收件人的地址姓名填反了。
　　上海话：有个，喏。还有，寄件人、收件人个地址、姓名勿要填反脱了。

▶ 甲：

　　普通话：谢谢！我还有一张汇款单，是不是在你那儿取钱。
　　上海话：谢谢！我还有一张汇款单，阿是辣辣侬辫搭领钞票？

▶ 乙：

　　普通话：你身份证带来了吗？
　　上海话：侬身份证带来了哦？

▶ 甲：

　　普通话：身份证号码我已经填在那儿了，可以取吗？
　　上海话：身份证号头我已经填辣海了，可以领哦？

▶ 乙：

　　普通话：对不起，没有带身份证是不能取汇款的。
　　上海话：对勿起，侬没带身份证是勿好领汇款个。

▶ 甲：

　　普通话：请问取汇款有时间限制吗？
　　上海话：请问，领汇款有得辰光限制哦？

▶ 乙：

　　普通话：有，汇款单上就有。
　　上海话：有个，汇款单浪写辣海个。

场景二／银行存取

▶ 甲：

　　普通话：先生，我要存钱，怎么存？
　　上海话：先生，我要存钞票，哪能存法？

▶ 乙：

普通话：你要存活期存款还是定期存款？"定活两便"也有的。

上海话：侬要存活期存款还是定期存款？"定活两便"也有个。

▶ 甲：

普通话：这些钱我要存定期，那些钱存活期就行了。

上海话：搿眼钞票我要存定期，还有一眼钞票末就存活期好唻。

▶ 乙：

普通话：我们这儿有外币、人民币定期一本通，也有外币、人民币活期一本通。

上海话：阿拉搿搭有外币、人民币定期一本通，也有外币、人民币活期一本通。

▶ 甲：

普通话：我开一个"活期一本通"账户，再开一个"定期一本通"。

上海话：我开一只"活期一本通"账户，再开一只"定期一本通"。

▶ 乙：

普通话：活期取款你可以用硬卡在"自动取款机"上取钱。

上海话：活期取款侬可以用硬卡辣"自动取款机"高头拿钞票。

▶ 甲：

普通话：你们的"自动取款机"跟其他银行联网吗？

上海话：㑚个"自动取款机"跟别个银行联网哦？

▶ 乙：

普通话：你到有银联标志的 ATM 机里去取款就可以了，我们银行有 24 小时自助服务的。

上海话：侬到有银联标志个 ATM 机里去拿钞票就可以了，阿拉银行有廿四小时自助服务个。

▶ 甲：

普通话：真方便，那么这个卡怎么用呢？

上海话：真便当，葛末搿个卡哪能用法呢？

▶ 乙：

　　普通话：那边有一位工作人员，你可以请他教你在自动取款机上操作一下。

　　上海话：埃面搭有一个工作人员，侬好请伊教侬辣自动取款机浪向操作一下。

▶ 甲：

　　普通话：谢谢！请你帮我换一点零钱行吗？

　　上海话：谢谢！请侬帮我调一眼零碎钞票好哦？

▶ 乙：

　　普通话：好，没问题，请问你要换多少？

　　上海话：好，呒没问题，请问侬要调几化？

一、词语分类记

1. 邮电用语、银行用语

平信

挂号信

快件

包裹

汇款单

存活期

存定期

整数

零头：零钱；零星数量

增值税

2. 俗语举例讲

(1) **黄鱼脑子**：健忘的脑袋。

　　上海话：我生了只黄鱼脑子，侬搭我讲个事体一歇歇就忘记脱了。

　　普通话：我生就个健忘的脑袋瓜，你跟我说的事儿一会儿就忘了。

(2) **糯米心肠**：软心肠。

　　上海话：只有侬生个糯米心肠，拨伊骂还介欢喜伊。

　　普通话：只有你心肠软，被他骂还这么喜欢他。

(3) **痴头怪脑**:疯疯癫癫。

上海话:小姑娘勿要抓抓出出,痴头怪脑。

普通话:小姑娘别东惹惹西惹惹,疯疯癫癫。

(4) **伛腰曲背**:弯着腰弓着背。

上海话:辩种生活要伛腰曲背做个,我吃勿消。

普通话:这种活儿要弯腰躬背做的,我受不了。

(5) **弹眼落睛**:醒目,吸引眼球。

上海话:辩件衣裳颜色弹眼落睛个!

普通话:这件衣服颜色十分醒目!

(6) **脱头落襻**:说话做事丢三落四;器物损坏不完整。

上海话:做事体勿要脱头落襻,仔细一眼!

普通话:做事情别丢三落四的,仔细一点!

(7) **妖形怪状**:奇形怪状。

上海话:衣裳着得妖形怪状,面孔搨得五花六花。

普通话:衣服穿得奇形怪状,脸上涂得花里胡哨。

(8) **一脚落手**:一口气,不停歇。

上海话:今朝还有眼生活,我一脚落手做光再回去。

普通话:今天还有些活儿,我一口气做完再回去。

(9) **碍手碍脚**:妨碍别人活动;给人带来阻碍。

上海话:侬勿要立辣我个旁边碍手碍脚。

普通话:你别站在我旁边妨碍我行动。

(10) **昏头落蹱**:昏头昏脑,糊里糊涂。

上海话:一场考试,考得我昏头落蹱。

普通话:一场考试,考得我昏头昏脑,糊里糊涂。

二、语法一点通

常用量词的用法

一只:上海话量词“只”用的面很广,普通话许多用“个”的,上海话都用“只”,如:“一只狗”“一只台子”“一只电视机”“一只手表”“一只教室”“一只饭店”“一只话剧”“一只报告”“一只文件”“一只风景区”“一只国家”;相当于“份”的,如:“一只青菜”“一只工作”,相当于“种”的,如:“一只颜色”“一只股票”。

下列常用量词前都加数词“一”:

一根

一条

一个

一部：(电梯、电影、扶梯、机器、电车)

一坽：(房子、字)"排"和"行"的意思。

一坽排：(房子、树木)一排、一行。

一泼：(人、货色、橘子)"拨""批"的意思。

一票：(货色、生意)"批"的意思。

一点

一沰：(浆糊、胶水、烂泥)液状、糊状或胶状的小滴。

一坒：(砖头、钞票、青菜)排列整齐的成层、成叠或成排的东西。

一泡：(尿、污)用于尿、屎的一场或一片。

一爿爿：(商店、门面)一家家。

一枪头：只一次，一次性的行为。

一记头：一下子，一次。如："一记头戳出来。"

三、双言天天练

1. 请把下列上海话改成普通话

侬要存活期存款还是定期存款？

活期取款侬可以用硬卡辣"自动取款机"高头拿钞票。

2. 请把下列普通话改成上海话

请你先把这两张单子填好，再把包裹拿过来称一下。

不要把寄件人、收件人地址、姓名填反了。

四、乡语传乡情

1. 上海民歌

人生两只宝

人生两只宝，

就是手脱脑。

想想又做做，

一世吃不了。

惜光阴

大家莫讲年纪小，

人人侪会年纪老。

光阴一去勿再来，

机会错过勿再到。

读书辰光勿逍遥，

将来风光就会好。

2. 谚语蕴智慧

坐要正，立挺胸。走起路来脚生风。

春要捂，秋要冻。一年四季无病痛。

天天睏，眼睛肿。天天坐，腰背痛。天天立，腿脚重。天天动，筋骨松。

3. 歇后语品味

三斤面粉调四斤油——稀里糊涂。

船头浪跑马——走投无路。

4. 谜语，猜上海话词语

（1）采购小排

（2）假肢工厂

（3）酒后严禁驾驶

（4）发烧

（5）残花纷飞满庭院

（第十一课谜语的谜底：1.虾； 2.西瓜子； 3.算盘。）

五、用普通话说"上海记忆"

生儿育女中的上海话

怀孕称"有喜",怀孕的妇女称"来喜妈妈",新法直接称呼"孕妇"。"达月""临盆"后,土法请"收生婆""收生",新法当然是送孕妇进"妇产医院",分娩"接生"。产妇于是坐月子,叫"做舍姆[som]",因坐月子过去需要15天坐床休息,"15"在老上海话中的一种读法是[son],[som]是它的转音。产妇就叫"舍姆娘"。"舍姆里"又叫"月里向"。生孩子后要送亲友邻居吃"红蛋",包裹婴儿的小被包法如同蜡烛形状,称为"蜡烛包""抱裙"。

扫一扫　听录音

/门诊治疗

▶ 甲：

　　普通话：医生，轮到我了，是吗？

　　上海话：医生，轮到我了，是哦？

▶ 乙：

　　普通话：对，你坐下。有什么不舒服？

　　上海话：是个，侬坐下来。有啥勿适意？

▶ 甲：

　　普通话：胸口有点疼，吃不下饭。

　　上海话：胸口头有眼痛咾，饭吃勿落。

▶ 乙：

　　普通话：这儿疼是吗？这是胃疼，你以前有胃病吗？

　　上海话：搿搭痛阿是啊？搿个是胃痛，侬老早有得胃病哦？

▶ 甲：

　　普通话：前些年疼过，但是没有现在这么厉害。

　　上海话：前两年痛末也痛过歇个，但是呒没现在介结棍。

▶ 乙:

　　普通话:这次是什么时候开始疼的?

　　上海话:箇趟是啥辰光开始痛个?

▶ 甲:

　　普通话:有三四天了。

　　上海话:有三四日了。

▶ 乙:

　　普通话:胃口怎么样?

　　上海话:胃口哪能?

▶ 甲:

　　普通话:一点也没有。

　　上海话:一眼也吙没。

▶ 乙:

　　普通话:想不想吐?

　　上海话:想勿想吐?

▶ 甲:

　　普通话:有点恶心,但是吐不出来。

　　上海话:有眼疲,但是吐勿出来。

▶ 乙:

　　普通话:你先做这几项检查,检查结果出来后,再到我这里来。

　　上海话:侬先拿箇个几只检查做脱伊,结果出来仔,再到我箇搭来。

场景二／买药治病

▶ 甲:

　　普通话:我想买感冒药。

　　上海话:我想买感冒药。

▶ 乙：

　　普通话：你有什么症状？

　　上海话：侬有啥个症状？

▶ 甲：

　　普通话：就是干咳，咳得难受。咳了两三天了。

　　上海话：就是干咳，咳得来难过煞。已经咳仔两三日了。

▶ 乙：

　　普通话：发烧吗？

　　上海话：寒热有哦？

▶ 甲：

　　普通话：不发烧。

　　上海话：寒热呒没。

▶ 乙：

　　普通话：你吃点感冒药，再喝点咳嗽糖浆吧。

　　上海话：侬吃眼感冒药，再吃眼咳嗽糖浆哦。

▶ 甲：

　　普通话：药在哪里？我看看。

　　上海话：药辣啥地方？让我看看叫。

▶ 乙：

　　普通话：这里都是。有的是会员价，请问你有我们这里的会员卡吗？

　　上海话：搿搭侪是个。有个是会员价，请问侬有阿拉此地个会员卡哦？

▶ 甲：

　　普通话：有的。我买这几种吧。哎，你这里的电子体温计价格怎么相差这么多？

　　上海话：有个。我买搿两种哦。唉，侬搿搭个电子热度表价钿哪能推扳介许多啊？

▶ 乙：

　　普通话：这两种是进口的，那边三个是国产的。

　　上海话：搿个两种是进口个，埃个三只是国产个。

▶ **甲：**

　　普通话：哦，用起来方便吗？

　　上海话：噢，葛末用起来便当哦？

▶ **乙：**

　　普通话：很方便，我拿一个样品给你看一下。

　　上海话：老便当个，我拿只样品拨侬看一看。

一、词语分类记

　　1. 身体名称

　　　　头

　　　　面孔：脸

　　　　眉毛

　　　　眼乌珠：眼珠

　　　　鼻头

　　　　耳朵

　　　　嘴巴

　　　　牙齿

　　　　咕咙：喉咙

　　　　手臂把：手臂

　　2. 俗语举例讲

　　（1）**套牢**：受困，被束缚住。

　　　　上海话：孙子幼儿园天天要接送个，乃末拨伊套牢了！

　　　　普通话：我的孙子在幼儿园天天要我接送，这下我被他拴住了！

　　（2）**揩油**：占便宜。

　　　　上海话：平常阿拉自家烧来吃，每个礼拜天要到我爷娘个屋里去揩眼油。

　　　　普通话：平时我们自己做饭，每个星期天要到我爹妈家去蹭一点儿。

　　（3）**挖儿丝**：办法、窍门，噱头。

　　　　上海话：侬倒通过了，侬挖儿丝好个！

　　　　普通话：你倒通过了，你有办法的！

(4) **吞头势**:模样,面色,架势。

上海话:侬看侬一副冷粥面孔,啥个吞头势!

普通话:你看你铁板着脸,像什么模样!

(5) **混腔势**:混过去算数,蒙混过关。

上海话:做工作要认认真真,勿好日日辣辣混腔势个。

普通话:做工作要认认真真,不要天天混日子。

(6) **搞头势**:反复纠缠的劲儿。

上海话:伊箇个人搞头势勿谈,我常常避开伊个。

普通话:他这人缠劲儿真厉害,我常常避开他的。

(7) **笑勿动**:特别高兴。

上海话:今朝比伊狠个对手生毛病吭没来,伊笑勿动了。

普通话:今天比他强的对手生病没来,他太开心了。

(8) **看勿懂**:不可理解,不可思议。

上海话:伊也会得冠军噢,看勿懂!

普通话:他也会得冠军,不可思议!

(9) **帮帮忙**:多关照,给点面子;对对方表示不满或异议。

上海话:帮帮忙,伊勿要忒难看噢!

普通话:别瞎说啦,他实在太难看啦!

(10) **兜得转**:善于打交道,有办法。

上海话:伊辣群众箇搭侪兜得转个,就是辣领导前头兜勿转。

普通话:他在群众那儿都打得通交道,就是在领导面前没有办法。

二、语法一点通

"AA 叫"的用法

上海话中有少量"AA 叫"的状语。如:

长长叫(长长模样地)

笃笃叫(放心地、很安定地)

偷偷叫(暗地里)

如:"可以慢慢叫走(可以慢慢地走)。""伊偷偷叫写一封信拨我(他私下里写一封信给我)。"

有的"AA 叫"有实的和虚的两个意义,如:**好好叫**(好好地;远远)、**慢慢叫**(慢慢地;等一会),如:"辰光早唻,侬可以慢慢叫走(时间早着呢,你可以等一会走）。""侬好好叫不如伊来（你远远不如他呢）。"

三、双言天天练

1. 请把下列上海话改成普通话

胸口头有眼痛咾，饭吃勿落。

辩个是胃痛，侬老早有胃病哦？

2. 请把下列普通话改成上海话

你有什么症状？

你吃点感冒药，再喝点咳嗽糖浆吧。

四、乡语传乡情

1. 上海民歌

远亲勿如近邻

桃花开来是清明，

邻舍和睦过光阴。

远亲勿如近邻好，

急难之中叫四邻。

看侬生来看侬养

看侬生来看侬养，

看侬推车学做婆婆样；

看侬插花做姑娘，

看侬喂奶做了娘，

看侬抱仔孙子孙囡白相相。

2. 谚语蕴智慧

精神振奋，病减三分。

心胸宽畅胃口开，多疑多虑病魔来。

心志要苦，志趣要乐。

3. 歇后语品味

酒盅里拌黄瓜——兜勿转

七个铜钿对半分——勿三勿四

4. 谜语

（1）救命车

（2）晓得哉

（3）松绑

（4）稀客

（第十二课谜语的谜底：1.香烟； 2.耳朵； 3.铅笔； 4.有轨电车。）

五、用普通话说"上海记忆"

生 日 习 俗

在人生的礼仪中，"过生日"祝寿是很重要的一项民俗活动。现在祝贺生日最常用的仪式是送"生日蛋糕"，由被祝贺者"吹生日蜡烛"，齐唱"祝你生日快乐"的歌曲，这是西式的祝寿法，现在已经普及。老的传统是"吃长寿面"。如果给尊敬的长辈做寿，老法要"扎寿幛"，点起"寿烛""寿香"，端上"寿桃"，吃"寿面"，喝"寿酒"等。生日前全家人吃祝寿酒饭，叫"暖寿"。

扫一扫　听录音

 **求职应聘**

▶ **甲:**

　　普通话:先生,请你自我介绍一下。

　　上海话:先生,请侬自我介绍一下。

▶ **乙:**

　　普通话:我叫程晓,是宁波人,今年博士毕业。我学的是语言学专业。

　　上海话:我叫程晓,宁波人,今年博士毕业。我学个是语言学专业。

▶ **甲:**

　　普通话:你有什么专长?

　　上海话:侬有眼啥个专长?

▶ **乙:**

　　普通话:我的英语口语好,写作能力也比较强,又受过中文语言文字的系统
　　　　　　训练,可以胜任中译英、英译中的工作。

　　上海话:我个英文口语老好个,写作能力也强,又受到过中文语言文字个系
　　　　　　统训练,可以胜任中译英、英译中个工作。

▶甲：
   普通话：你有些什么证书？
   上海话：侬有眼啥个证书？

▶乙：
   普通话：这是英语专业八级证书，这是普通话水平测试二级甲等证书，这些是我在媒体实习的证明材料，那些是我从本科到博士的学校考试上成绩单。
   上海话：搿个是英文专业八级证书，搿个是普通话水平测试二级甲等证书，搿眼是我辣媒体实习个证明材料，搿眼是我从本科到博士个学堂考试个成绩单。

▶甲：
   普通话：你为什么要到这里来应聘？
   上海话：侬为啥要到搿搭来应聘？

▶乙：
   普通话：因为你们公司的业务能够发挥我的特长。
   上海话：因为倻公司个业务能够发挥我个特长。

▶甲：
   普通话：我们是需要翻译人才，主要是英译中。不过我们还需要对你的业务能力做一次书面测试。你愿意参加吗？
   上海话：阿拉是需要翻译人才，主要是英译中。不过阿拉还需要对侬个业务能力做一趟书面测试。侬愿意参加哦？

▶乙：
   普通话：愿意的。
   上海话：好个！

▶甲：
   普通话：你的手机、邮箱没有变吧？具体日期我们会发通知给你的。
   上海话：侬个手机、邮箱咾啥呒没变哦？具体个日脚阿拉会得发通知拨侬个。

▶乙：
   普通话：好的。谢谢！

上海话：好个。谢谢！

努力工作

▶ 甲：

　　普通话：我们单位特别忙，我想换个单位。

　　上海话：阿拉个单位特别忙，我想调只单位。

▶ 乙：

　　普通话：你别这山望着那山高，哪个单位不忙？只是你不了解而已。

　　上海话：侬勿要看人挑担勿吃力，阿里只单位勿忙？只不过侬勿晓得而已。

▶ 甲：

　　普通话：你又不是不知道，我长年累月到处奔波，生活太没规律了。

　　上海话：侬又勿是勿晓得，我一年到头投东投西，生活忒呒没规律了。

▶ 乙：

　　普通话：你的收入高哇！

　　上海话：侬个收入高呀！

▶ 甲：

　　普通话：你的工作换给我干就好了。

　　上海话：侬个工作拨我做做就好了。

▶ 乙：

　　普通话：真是的，那我跟你换一换啦！

　　上海话：好个呀，葛末我脱侬调一调好唻！

▶ 甲：

　　普通话：好！

　　上海话：好个！

▶ 乙：

　　普通话：你呀，你哪里知道我正为今年的销售指标犯愁呢，一连几天都睡不
　　　　　　着觉。

上海话：侬啊，侬啥地方晓得我还辣辣为今年个销售指标苦恼唻，连牢几夜
　　　　睏勿着。

▶甲：

普通话：你一个人愁也没用，你们部门几十个人呢，大家一起想办法。

上海话：侬一家头忧也呒没用个呀，㑚部门几十个人辣海，大家一道想想办
　　　　法呀！

▶乙：

普通话：是啊，我们每个人都得提方案，然后在下个星期一的部门会议上
　　　　讨论。

上海话：是个呀，阿拉每个人俉要提方案，接下来辣辣下个礼拜一个部门会
　　　　议浪讨论。

▶甲：

普通话：竞争太激烈了，要想出一个金点子可真不容易啊！

上海话：竞争忒激烈了，要想只金点子出来真个是勿容易呀！

▶乙：

普通话：可不是嘛。天上不会掉馅饼，干什么都得努力！

上海话：就是讲呀。天浪勿会落钞票，做啥个事体俉要卖力！

课后练习

一、词语分类记

　　1. 职务名称

　　　　老板

　　　　经理

　　　　董事长

　　　　业主

　　　　职员

　　　　白领

　　　　工程师

　　　　推销员

秘书

营业员

2. 俗语举例讲

(1) **一式一样**：一模一样。

　　上海话：伊搿只 MP3，脱我买个一式一样。

　　普通话：他那个 MP3，和我买的一模一样。

(2) **三日两头**：常常。

　　上海话：伊三日两头要来寻我响势。

　　普通话：他常常要来找我麻烦。

(3) **狠三狠四**：蛮横，凶狠。

　　上海话：我又呒没碍着侬，侬狠三狠四做啥？

　　普通话：我可没妨碍你，你这么蛮横干吗？

(4) **七歪八牵**：不整齐；不端正。

　　上海话：拿两个字写得七歪八牵。

　　普通话：把两个字写得东倒西歪。

(5) **死蟹一只**：一筹莫展，无可挽回；疲惫不能动弹。

　　上海话：侬做得忒过头了。乃末伊走脱了，侬死蟹一只！

　　普通话：你做得太过分了。这下她走了，你没法挽回了！

(6) **七荤八素**：头昏脑涨，晕头转向，糊里糊涂。

　　上海话：我拨伊弄得七荤八素，主意也呒没了。

　　普通话：我被他搞得晕头转向，主意也没了。

(7) **小家败气**：吝啬；没气派。

　　上海话：碰着搿种小家败气个人，侬顶好勿要帮伊打交道。

　　普通话：遇到这种吝啬的人，你最好别和他打交道。

(8) **哭出乌拉**：哭丧着脸。

　　上海话：硬气眼，勿要哭出乌拉！

　　普通话：硬气点儿，别哭丧着脸！

(9) **板板六十四**：刻板，不会变通。

　　上海话：侬捉勿着一只扳头个，伊做事体一向是板板六十四个。

　　普通话：你找不到一个碴儿，他做事一贯是很认真的。

(10) **开年礼拜九**：遥遥无期。

　　上海话：侬要等伊回音啊，要等到开年礼拜九。

普通话:你要等他回音,要等到西天出太阳。

(11) **五斤吼六斤**:争论时激烈而急迫的样子。

上海话:大家和和气气讨论,勿要五斤吼六斤了。

普通话:大家和和气气讨论,不要脸红脖子粗的。

(12) **一对搭落苏**:一对"活宝"。

上海话:一个勿肯烧小菜,一个勿肯汏碗,一对搭落苏!

普通话:一个不肯做菜,一个不肯洗碗,一对"活宝"!

二、语法一点通

表示将来的方法

1. 表示将来发生

在动词前用"要"表示。如:"我要住大概一个号头。""我要出差去了。""三年以后,我要到广州去工作。"

"要"也常常表示"意愿",如:"我要恳求侬帮我个忙。"

2. 表示即将发生

在动词后用"快"表示。如:"辰光到快了,我真急煞快(时间快到了,我真快急死了)!""侬快点去,轮到侬快了(快要轮到你了)。"

"快"常常与"要"一后一前联用。如:"我也要出国快了。""火车要开快了!"

三、双言天天练

1. 请把下列上海话改成普通话

侬有眼啥个专长?

不过阿拉还需要对侬个业务能力做一趟书面测试。

2. 请把下列普通话改成上海话

我长年累月到处奔波,生活太没规律了。

真是看人挑担不吃力。

四、乡语传乡情

1. 上海民歌

旧年相思到今年

结识私情隔块田,

旧年相思到今年。

六月里浓霜难见面，
黄昏星难到月身边。

手攀楝树望情哥

结识私情隔条河，
手攀楝树望情哥。
娘问囡儿侬望啥？
我望楝树头浪花结果。

指望老天有雨来

南云涨来北云推，
指望老天有雨来。
落仔三寸阵头雨，
明朝就来看小妹。

2. **谚语蕴智慧**

贪多嚼勿烂，胃病容易犯。
早睏早起床，赛过吃参汤。
药补勿如食补。

3. **歇后语品味**

叫花子吃死蟹——只只好
螺蛳壳里做道场——兜勿转

4. **谜语，打上海地名**

（1）八只双人床
（2）佛院悄悄然
（3）参观古刹

（谜底请在本书中找。）

五、用普通话说"上海记忆"

民间游艺活动

　　游艺从嬉戏、娱乐到运动、歌舞等，很能体现地方风貌。上海历史上每年一度的"菊花会"在旧县志中就有记载，元宵节、中秋节等节日中的喜庆伴随着扎彩灯、搭戏台、调龙灯、舞狮子、踏高跷、荡河船、调花枪、滚绣球、豁虎跳、竖蜻蜓等游艺,至今依然搞得热闹非凡。随着西风的进入,游艺场、跳舞场、溜冰场、俱乐部、酒吧间、饮冰室、咖啡厅、影戏馆、夜总会和各种体育场所如健身房、游泳池及相应的活动,首先在上海出现了。

扫一扫　听录音

业余爱好

▶ 甲：

　　普通话：退休以后，你平时都忙些什么？

　　上海话：退了休以后，侬平常侪辣忙眼啥？

▶ 乙：

　　普通话：我正在上老年大学呢。

　　上海话：我辣上老年大学呀。

▶ 甲：

　　普通话：哦，听说老年大学教书法，是吗？

　　上海话：噢，听人家讲，老年大学教书法，阿是啊？

▶ 乙：

　　普通话：不仅仅是教书法，老年大学还有好多其他的班呢，比如，国画班、烹
　　　　　　饪班等。

　　上海话：勿单单是教书法，老年大学还有交关其他个班唻。譬如讲，国画班、
　　　　　　烹饪班咾啥。

▶ 甲：

普通话：你上过哪些班啊？

上海话：侬上过阿里眼班啊？

▶ 乙：

普通话：我小时候喜欢画画，不过没有机会学，所以我参加国画班。

上海话：我小辰光欢喜画图，不过呒没机会学，葛咾我参加国画班。

▶ 甲：

普通话：我们都这么大年纪了，能学会吗？

上海话：阿拉侪一把年纪了，学得会哦？

▶ 乙：

普通话：当然能学会！这是我刚彩打的新年台历，送你一本！

上海话：当然学得会！搿个是我刚刚彩打个新年台历，送一本拨侬！

▶ 甲：

普通话：台历买一本，不就行了吗？自己印不是太花钱了吗？

上海话：台历末买一本就好唻，自家打印勿是忒花钞票啦？

▶ 乙：

普通话：这个台历包括封面，一共有十三页，每一页上的国画都是我自己
画的。

上海话：搿本台历包括封面，共总有十三页，每一页浪向个国画侪是我自家
画个。

▶ 甲：

普通话：真没想到，你画得这么好！你把老年大学的电话给我，我也想去
学学。

上海话：真想勿到，侬画了介好噢！侬拿老年大学个电话拨我，我也想去学
学看。

▶ 乙：

普通话：好的。

上海话：好个。

场景二 / 健身会馆

▶ **甲**：

普通话：我们几个同事一起到健身会馆办了会员卡，每周去打一次羽毛球。

上海话：阿拉几个同事一道到健身会馆去办了张会员卡，每个礼拜去打一趟羽毛球。

▶ **乙**：

普通话：是吗？你们怎么会想起来一起去办健身卡？还集体去打球？

上海话：是哦？侬哪能会得想起来一道去办健身卡个？还集体去打球？

▶ **甲**：

普通话：上个月体检单发下来一看，血脂高、血糖高、胆固醇高的人不少，大家觉得平时一天到晚坐在电脑前工作，缺乏运动量，这才去办健身卡。

上海话：上个号头体检单发下来一看，血脂高、血糖高、胆固醇高个人勿少。大家觉着平常一日到夜坐辣电脑前头工作，缺少运动量，再想到去办健身卡。

▶ **乙**：

普通话：是啊，我也觉得白天精力不集中，晚上觉也睡不踏实，处在亚健康状态。

上海话：是个呀，我也觉着日里向精神勿集中，夜里向觉也睏勿着实，属于亚健康状态。

▶ **甲**：

普通话：我们上个星期已经打过一次球了。打过球之后，精神很好！

上海话：阿拉上个礼拜已经打过一趟了。打过之后，精神老好个！

▶ **乙**：

普通话：我孩子班上一位小朋友的妈妈约我去学瑜伽，我还没考虑好呢。

上海话：阿拉小囡班级里向一个小朋友个姆妈约我去学瑜伽，我还咉没考虑好唻。

▶ **甲**：

普通话：听说有不少女士去学瑜伽呢。

上海话：听讲有勿少女同志去学瑜伽了。

▶ 乙：

普通话：我是想去学，但是听说教瑜伽的老师的水平参差不齐，我自己也鉴
　　　　别不了。

上海话：我学是想学个，但是听讲教瑜伽个老师水平有好有推扳，我自家也
　　　　搞不清爽。

▶ 甲：

普通话：如果真想去学，可以打听打听，看看哪家口碑好。

上海话：假使讲真个想去学，可以打听打听，看看阿里家口碑好。

▶ 乙：

普通话：另外，我的一位同事在一家健身会馆学太极拳，说老师很好。所以，
　　　　我比较犹豫。

上海话：另外，我个一个同事辣辣一家健身会馆学太极拳，讲老师老好个。
　　　　葛咾，我比较犹豫。

▶ 甲：

普通话：你问问教瑜伽、教太极拳的老师，是不是可以试上一次，到现场感受
　　　　一下，看看哪项活动更适合自己。

上海话：侬问问看教瑜伽、教太极拳个老师，好试个一趟哦，到现场感受感
　　　　受，看看阿里只活动更加适合自家。

▶ 乙：

普通话：那也是个好办法。

上海话：葛倒是个好办法。

课后练习

一、词语分类记

1. 日常游戏、健身用语

听沪剧

唱京戏

看滑稽戏

说书

听评弹

着棋：下棋

打落弹：打桌球

打保龄球

翻跟斗：翻筋斗

调龙灯

2. 俗语举例讲

(1) **自说自话**：自作主张，不跟人商量而决定。

上海话：听听大家个意见，侬勿要自说自话去买傢生。

普通话：听听大家的意见，你别自作主张去买家具。

(2) **面熟陌生**：似曾相识。

上海话：我脱伊像煞见过面个，有眼面熟陌生。

普通话：我和他好像见过面的，有点儿似曾相识。

(3) **日长世久**：久而久之。

上海话：一直借辣海用，日长世久下去也勿是生意经。

普通话：一直借着用，久而久之也不是个事儿。

(4) **无天野地**：说话不着边际；贪玩到找不到人的地步。

上海话：小囡要参加活动，不过勿可以白相得无天野地个。

普通话：小孩要参加活动，不过不可以太贪玩。

(5) **强凶霸道**：蛮不讲理，横行霸道。

上海话：大家好好叫讲，勿要强凶霸道个。

普通话：大家好好地说，别蛮不讲理。

(6) **一天世界**：到处都是，一塌糊涂。

上海话：喔唷，侬吃了一天世界！

普通话：哎哟，你吃得到处都是！

(7) **水淋落渧**：湿得滴水。

上海话：箇眼青菜水淋落渧个，着水忒多了。

普通话：这点儿青菜水淋淋的，水放太多了。

(8) **热昏颠倒**：昏了头。

上海话：伊啊，谈恋爱谈恋爱，谈得来热昏颠倒了。

普通话：她呀，恋爱谈呀谈的，谈昏了头了。

(9) **勾肩搭背**：互相把手臂搭在肩上,形容亲热。

上海话：伊拉两家头老要好个,常常勾肩搭背上学堂。

普通话：他们两个很亲热的,常常手挽着手上学校。

(10) **揶求苦脑**：苦苦哀求。

上海话：侬现在神气活现硬来死,下趟勿要到我面前来揶求苦脑。

普通话：你现在挺神气挺硬气,下次别到我面前来求饶。

(11) **狮子大开口**：说大话；要求高,胃口大。

上海话：侬又要狮子大开口了,还是做眼样子出来看看叫。

普通话：你又要说大话了,还是做出点实在的事吧。

(12) **拆空老寿星**：完全掏空。

上海话：勿听我个言话,总有一日侬要拆空老寿星！

普通话：不听我的话,总有一天你要完蛋！

二、语法一点通

"咾"和"咾啥"的用法

上海话中的"咾",是个连接助词,它能跟在并列的每个词语后面,语音上是附在各个词的后面的,不像普通话的"和""跟"等是用在最后一个并列的词前面的。如："据说新婚房里还摆红枣咾、花生咾、桂圆,脱仔瓜子,讨个吉利叫'早生贵子'。"句中"桂圆"后面因为要用像"和""跟"一样的"脱仔",所以没用"咾"。又如："上海还有行情行事个惯用语,像'收骨头'咾、'牵头皮'咾、'戳壁脚''插外快''打回票'咾啥。"这句里,"戳壁脚"和"插外快"后面省了两个"咾"。再如："有两个女小囡,一个大咾一个小。""吃饭咾吃面随便个。"

"咾"可以用在对举连接和选择连接上。"咾"还能提顿罗列话题,如："烟咾,茶咾,酒咾,一样样个招待伊。"现今"咾"有退化的趋势,如说："烟、茶、酒,一样样招待伊。"在"咾啥"中,"啥"就是还有一些"什么的","咾啥"就相当于"等等"。

三、双言天天练

1. 请把下列上海话改成普通话

阿拉几个同事一道到健身会馆去办了会员卡,每个礼拜去打一趟羽毛球。

假使讲真个想去学,可以打听打听,看看阿里家口碑好。

2. 请把下列普通话改成上海话

我小时候喜欢画画,不过没有机会学,所以我参加国画班。

当然学得会！这是我刚彩打的新年台历,送你一本！

四、乡语传乡情

1. 上海民歌

灯

一字排开长蛇灯，
二龙戏珠绣球灯。
三元及第状元灯，
四季平安吉祥灯。
五子登科子孙灯，
六路财神富贵灯。
七星高挂满天灯，
八仙过海神仙灯。
九色玲珑走马灯，
十全十美如意灯。

九九诀

一九二九难出手，
三九四九冰浪走，
五九六九河边看杨柳，
七九河冻开，
八九燕子来，
九九加一九，
耕牛遍地走。

2. 谚语蕴智慧

东北风，雨太公。
三朝雾露发西风。
日落返黄，明朝风狂。

3. 歇后语品味

拖牢脚后跟——拉倒
石头浪向掼乌龟——硬碰硬

4. 谜语

(1) 看看有节，摸摸呒没节，两边冰冷，当中火热。（打一物）
(2) 近看和尚头、尼姑脚，远看也是和尚头、尼姑脚。（打一物）

（3）大哥摇船勿用橹，二哥粜米勿用箩，三哥买鸡勿拿秤，四哥敲更勿用鼓。（打四生物）

（4）三人同日去看花，百友原来是一家。禾火一道烧勿着，夕阳桥下两只瓜。（打四字）

（谜底请在本书中找。）

（第十三课谜语的谜底：1. 收骨头；2. 做手脚；3. 吃勿开；4. 火头浪；5. 谢谢一家门。）

五、用普通话说"上海记忆"

儿童游艺活动

孩子们的主要活动空间是校园和弄堂。在 20 世纪五六十年代，校园和弄堂游戏之多不胜枚举。比如，马林打、造房子、抬轿子、跳橡皮筋、弄堂溜冰、踢小橡皮球、拉扯铃、打菱角、踢毽子、捆香烟牌子、套砖头、盯橄榄核、老鹰捉小鸡、弹簧屁股、盗界山、官兵捉强盗、看字、乱绢头、钩脚跳、跳绳、滚铁环、打康乐球、捉帖子、捉麻将牌、打手拳、折飞机、折糖纸头、拉瓶盖、拉木偶、打电话、七巧板、弹皮弓，等等。

扫一扫　听录音

上网冲浪

▶ **甲**：

普通话：现在如果不会用电脑，寸步难行。

上海话：现在勿会得用电脑个言话，寸步难行。

▶ **乙**：

普通话：真是这样，我儿子给我买了一台电脑，孙子教我打字。

上海话：就是讲末，阿拉儿子得我买了一只电脑，孙子教我打字。

▶ **甲**：

普通话：我也是跟孩子才学会打字的。

上海话：我也是跟牢阿拉小囡再学会打字个。

▶ **乙**：

普通话：我还会收发电子邮件呢。我刚刚给在国外读书的孙女回了邮件。

上海话：我还会得收发伊妹儿唻。我刚刚回了只邮件拨辣辣国外读书个孙囡。

▶ **甲**：

普通话：真的，你年龄比我大，本事也比我大。

上海话：真个嗒，侬年纪比我大，本事也比我大。

▶乙：

普通话：发邮件既省事又省钱。过去给国外寄信，要两三个星期才能到；而且按重量收钱，所以一张信纸上写得密密麻麻的。

上海话：发伊妹儿又便当又省钞票。老早仔要寄信到国外，要两三个礼拜再好到；外加按照重量收钞票，葛咾一张信纸浪向侪写了密密麻麻个。

▶甲：

普通话：真是这样。我也让孩子教我用电子邮件。

上海话：咳，是搿能介。我也要叫阿拉小囡教我用电子邮件。

▶乙：

普通话：电脑还能看视频呢。我已经跟我那在国外的孙女视频了两次了。

上海话：电脑还好看视频唻。我已经脱我伊个辣辣外国个孙囡视频两趟了。

▶甲：

普通话：这得花多少钱？

上海话：搿个要用多少钞票？

▶乙：

普通话：一分钱不花，就能看到孙女了。什么时候有空，我教你。你刚好可以跟在外地工作的女儿视频了，不用打电话，电话看不到人。

上海话：一分洋钿也勿要个，就好看见孙囡了。啥辰光有空，我教侬。侬正好好脱辣辣外地工作个囡儿视频，用勿着打电话，电话看勿到人。

▶ 甲：

普通话：太谢谢你啦！我现在每天都要上网看看新闻、看看电视什么的，还网购呢。

上海话：忒感谢侬了！我现在每日天侪要上网看看新闻、看看电视咾啥个，还网购唻。

▶ 乙：

普通话：哟，那你什么时候教我网购吧。

上海话：咳，葛末侬啥辰光教我网购好哦。

场景二 / 微信博客

▶ 甲：

普通话：这一年多的时间，微信特别火。

上海话：搿个一年多个辰光，微信特别行。

▶ 乙：

普通话：微信的信息量很大，我每天看也看不完。

上海话：微信个信息量邪气大，我每日天看也看勿光。

▶ 甲：

普通话：刚开始，我也是天天捧着手机看，但是没那么多时间，现在就挑感兴趣的看看。

上海话：刚刚开始个辰光，我也是天天捧牢手机看，但是呒没介许多辰光，现在就拣感兴趣个看看。

▶ 乙：

普通话：记得博客刚推出的时候，我是三天两头写博文，忙得不亦乐乎。

上海话：记得博客刚刚推出来个辰光，我是三日两头写文章，忙得来勿要忒开心噢！

▶ 甲：

普通话：我本来打算也开一个博客，但是怕没时间写，不更新就没人关注了，所以就没开。

上海话：我本来打算也开只博客，但是担心呒没辰光写，勿更新就呒没人注意了，莴啥就呒没开。

▶ 乙：

普通话：我坚持了半年就坚持不下去了，太花精力了。

上海话：我坚持了半年就坚持勿下去了，忒费精力了。

▶ 甲：

普通话：要"经营"好博客也不容易啊。

上海话：要"弄"好博客也勿容易啊。

▶ 乙：

普通话：我觉得微信还是挺好的，都是圈子里的人发的，可读性比较强。

上海话：我觉着微信还是蛮好个，侪是圈子里向个人发个，可读性比较强。

▶ 甲：

普通话：对，微信还能发短信，看视频，真的挺好！

上海话：对个，微信还好发短消息，看视频，真个蛮好！

▶ 乙：

普通话：现在连商家也都开微信账号了，发布打折促销信息，吸引客户。

上海话：现在连商家也侪开通微信账号了，发布眼打折促销个信息，吸引客户。

▶ 甲：

普通话：我有几位外国朋友学了一段时间汉语后，也开始使用微信了。

上海话：我有得几个外国朋友学仔一段辰光汉语之后，也开始用微信了。

▶ 乙：

普通话：互联网时代的变化真是日新月异啊！

上海话：互联网时代个变化真个是一日一个样啊！

课后练习

一、词语分类记

   1. 跟电脑使用、手机使用有关的词语

      互联网

      软件

      硬盘

      优盘

      USB 插口

      鼠标

      蓝牙

      显示屏

      飞行模式

      SIM 卡

   2. 俗语举例讲

   （1）**捂搞百叶结**：胡搅蛮缠。

      上海话：我个态度已经讲清爽了，侬勿要天天来捂搞百叶结。

      普通话：我的态度已经说清楚了，你别天天来缠个没完。

   （2）**新开豆腐店**：新开张。

      上海话：我孵搭块个生活，是新开豆腐店。

      普通话：我这儿的工作，是新找的。

   （3）**半山勿尴尬**：事情才做一半；两头没着落。

      上海话：侬看伊呀，生活做了半山勿尴尬，人跑脱了！

      普通话：你看他呀，活儿做到一半，人走了！

   （4）**贪心吃白粥**：贪心没好下场。

      上海话：伊真是要求忒多，结果贪心吃白粥。

      普通话：他要求实在太多，到后来贪心没好结果。

   （5）**幺二三角落**：冷僻角落；很差的地方。

      上海话：伊搭地方本来是幺二三角落，现在已经老闹猛了。

      普通话：那边原来是冷清的地方，现在已经很热闹了。

(6) **省个一百省**：算了吧，省些事吧。

　　上海话：辣种能个事体，侬离开远一眼，省个一百省。

　　普通话：这种事，你离得远些，省点事吧。

(7) **悬空八只脚**：离得很远。

　　上海话：悬空八只脚个言话勿要讲！

　　普通话：别讲那些离题万里的话！

(8) **老实勿客气**：不谦让；不买账。

　　上海话：侬请我坐，我老实勿客气坐下来了。

　　普通话：你请我坐，我就不客气坐下了。

(9) **吃空心汤团**：得到不能兑现的许诺。

　　上海话：侬答应好人家个事体，勿好拨人家吃空心汤团个。

　　普通话：你答应了别人的事情，不能到最后不兑现。

二、语法一点通

口头语和插入语的使用

　　有的人有时候说了一句话以后，会跟上一个可有可无的口头语，上海话中的此类词语有"是哦""对哦""阿是"，都像问听者是不是，实际并不是提问。

　　上海话中有四大口头语："辣个……"（开言时用），"就是讲……"（解释时用），"乃末……"（接续时用），"……伊讲"（后煞时用）。"伊讲"一词跟在句子的"哦"后，还带有一点"惊讶"味。如："要考试了哦伊讲"有"居然要考试了"的含义。"听讲""伊拉讲""人家讲"这三个词都是"据说"的意思，被称为"插入语"的，放在句子前，使那件事似是似非。

三、双言天天练

1. 请把下列上海话改成普通话

　　我刚刚回了只邮件拨辣辣国外读书个孙囡。

　　一分洋钿也勿个，就好看到孙囡了。

2. 请把下列普通话改成上海话

　　微信的信息量很大，我每天看也看不完。

　　我有几位外国朋友学了一段时间汉语后，也开始使用微信了。

四、乡语传乡情

1. 上海民歌

不老歌

起得早，睏得好；

七分饱，常常跑；

多笑笑，没烦恼；

天天忙，永勿老。

十二个子

正月过年剥瓜子，

二月春风放鹞子，

三月清明做团子，

四月养蚕采茧子，

五月端午裹粽子，

六月双手拍蚊子，

七月馄饨裹皮子，

八月月饼嵌馅子，

九月攀树采橘子，

十月磨刀割稻子，

十一月里向落雪子，

十二月雪飘冻煞懒汉子！

2. 谚语蕴智慧

早霞勿出门，晚霞行千里。

天浪钩钩云，地浪雨淋淋。

雷公唱歌，有雨也勿多。

3. 歇后语品味

井底里雕花——深刻

南瓜丝炒鸡蛋——合适（色）

（第十五课谜语的谜底：1. 十六铺； 2. 静安寺； 3 张庙。）

五、用普通话说"上海记忆"

丰富精美的小吃

上海滩上的小吃丰富精美。比如有一种两面煎成焦黄的面条,叫"两面黄";一种色状似蟹壳、内含酥油外加芝麻的小烘饼,叫"蟹壳黄";一种正面形状似老虎爪子的甜烘饼,叫"老虎脚爪";一种做时用手按出一个凹形的无馅小团子,叫"瘪嘴团"。还有像油墩子、麻球、牛皮糖、兰花豆、袜底酥、开口笑、一捏酥、八宝饭等。精美的糕点丰富了上海话的小吃词语。这些糕点的名称,已经贴上了上海人对它们的厚爱。

六、跟着教员或录音学,用上海话讲故事

北风脱仔太阳个故事

有一趟,北风脱太阳正好辣辣争,啥人个本事大。

正辣海讲个辰光,来了一个走路人,身浪向着辣一件厚棉袄。

伊拉两家头就商量好了,讲啥人先叫辫个走路个人脱脱伊个棉袄,就算啥人个本事大。

乃末,北风就用足力气穷吹,阿里晓得伊吹得越结棍,辫个人啊,就拿棉袄裹了越紧。到后首来北风呒没办法,只好就算了。

过了一歇歇,太阳出来辣辣叫一晒,辫个走路个人马上就拿棉袄脱脱了。

葛咾北风勿得勿承认到底还是太阳个本事大。

过了几日天,风脱仔太阳又碰着了。

太阳搭风讲:"今朝侬还敢脱我比本事哦?"风讲:"好个,阿拉再来比一趟。侬看,河里向勿是有一只船嘛? 啥人能够叫辫只船走了快,就算啥人个本事大。"

太阳就拼命晒,催摇船个人用力摇。但是太阳光越是大,摇船个人就越是呒没力气,船也就摇得越慢。

轮到北风来试一试了。伊胡噜噜一吹,就听见船夫辣辣喊:"顺风了,好撑帆了。"船浪向撑起了帆。风推帆,帆带了船,船开得瞎快!

乃末太阳只好讲:"风先生,侬个本事比我大。"

到辣末脚,风讲:"阿拉侪有本事个,用勿着争了!"

扫一扫 听录音

浦江两岸

▶甲：

　　普通话：上海值得玩的地方有很多。

　　上海话：上海值得白相个地方邪气多。

▶乙：

　　普通话：对。我个人觉得黄浦江两岸最好看。

　　上海话：对个，我个人觉着黄浦江两边最好看。

▶甲：

　　普通话：我在网上看到很多黄浦江夜景的照片，漂亮极了！

　　上海话：我辣辣网浪向看到交关黄浦江夜景个照片，漂亮得勿得了！

▶乙：

　　普通话：今天下午，我们可以先到外滩看看，天黑以后，我们再乘观光游轮，
　　　　　　看看黄浦江两岸的夜景。

　　上海话：今朝下半日，阿拉好先到外滩看看，天夜仔以后，阿拉再乘观光游
　　　　　　轮，看看黄浦江两边个夜景。

▶甲：

　　普通话：这个主意不错。我看上海旅游手册上介绍，外白渡桥很有历史，我
　　　　　　们就从外白渡桥开始吧。

　　上海话：迭个想法好。我看上海旅游手册浪向介绍，外白渡桥老有历史个，
　　　　　　阿拉就从外白渡桥开始哦。

▶乙：

　　普通话：好的，然后我们从外滩陈
　　　　　　毅广场过马路，沿着有"万
　　　　　　国建筑博览"称号的建筑
　　　　　　群参观。

　　上海话：好个，接下来阿拉从外滩
　　　　　　陈毅广场过马路，沿牢有
　　　　　　得"万国建筑博览"称号个
　　　　　　建筑群参观。

▶甲：

　　普通话：对，我很想近距离看看哥特式、巴洛克式建筑的特色。

　　上海话：对个，我老想近距离看看哥特式、巴洛克式建筑个特色。

▶乙：

　　普通话：没问题。上海总工会、汇丰大楼、恰和大楼等都很值得一看。

　　上海话：呒没问题。上海总工会、汇丰大楼、恰和大楼咾啥侪值得一看。

▶甲：

　　普通话：看过之后，我们再到黄浦江边看看江对岸的东方明珠电视塔、金茂
　　　　　　大厦、上海环球金融中心这些现代建筑。

　　上海话：看过之后，阿拉再到黄浦江边浪向看看对面个东方明珠电视塔、金
　　　　　　茂大厦、上海环球金融中心辣眼现代建筑。

▶乙：

　　普通话：晚餐就在轮渡码头附近的餐馆里吃。

　　上海话：夜饭就辣辣轮渡码头附近个餐厅里吃。

▶ 甲：

　　普通话：你考虑得太周到了。我现在就把闪光灯带着，晚上好拍夜景。

　　上海话：侬考虑了忒周到了。我现在就拿闪光灯带辣海，夜里向好拍夜景。

▶ 乙：

　　普通话：今天风大，把帽子和围巾拿着。我们现在出发吧。

　　上海话：今朝风大，帽子搭仔围巾带好。阿拉现在出发。

郊游玩乐

▶ 甲：

　　普通话：这些年才发现上海郊区和周边有很多好玩的地方。

　　上海话：辣两年刚刚发觉，上海郊区得周边有交关好白相个地方。

▶ 乙：

　　普通话：是啊，像嘉定的秋霞圃，南翔古猗园，青浦的曲水园，松江的醉白池、方塔公园。

　　上海话：是个呀，像嘉定个秋霞圃，南翔个古猗园，青浦个曲水园，松江个醉白池、方塔公园。

▶ 甲：

　　普通话：还有佘山风景区、大观园。

　　上海话：还有佘山风景区、大观园咾啥。

▶ 乙：

　　普通话：我还去过朱家角镇，镇上历史悠久的放生桥有5个桥洞。

　　上海话：我还去过朱家角镇，镇浪向历史悠久个放生桥有五只桥洞。

▶ 甲：

　　普通话：离上海很近的水乡，有中外闻名的古镇周庄。那里真是小桥流水人家，海外称它为"中国第一水乡"。

上海话：离上海老近个水乡，有得中外闻名个古镇周庄。搿面真个是小桥流
水人家，国外叫伊是"中国第一水乡"。

▶乙：

普通话：那些地方，你都去过吗？

上海话：搿眼地方，侬侪去过哦？

▶甲：

普通话：都去过。周六开车，一家人上午出发，中午到景点吃午饭，在当地住
一个晚上，第二天吃过午饭后返回，不慌不忙，很舒服的。

上海话：侪去过个。礼拜六开车子，一家门上半日出发，中浪向到景点吃
中饭，辣辣当地住一夜，第二天吃仔中饭再回转来，勿慌勿忙，
老适意个。

▶乙：

普通话：你倒很会享受啊。

上海话：侬倒老会得享受个嘛。

▶甲：

普通话：上海长江隧桥通车以后，到崇明方便多了。

上海话：上海长江隧桥通车以后，到崇明就便当多了。

▶乙：

普通话：对。这次五一小长假，我们一家三口刚刚去过。我们没有住宾馆，
找了一户农家住了下来，真正体验了一回"农家乐"。

上海话：对个。搿趟五一小长假，阿拉一家门三家头刚刚去过。阿拉呒没登
宾馆，寻了一家农民屋里登下来，真真体验了一趟"农家乐"。

▶甲：

普通话：那挺有意思。

上海话：葛倒老有意思个。

▶乙：

普通话：崇明湿地公园也很值得一去。

上海话：崇明湿地公园也老值得去一去个。

课后练习

一、词语分类记

1. 景点用语、旅游活动用语

城隍庙

东方明珠

上海博物馆

上海历史陈列馆

上海动物园

游览

参观

豁一转：逛一圈

走一坆：走一趟

下趟：下次

2. 俗语举例讲

(1) **肮三**：来源于英语 on sale，原意是跌价的意思，后引申为令人不快、失望；不正派。

上海话：辮桩事体哪能弄得介肮三个啦？

普通话：这件事怎么搞得那么令人失望？

(2) **贴肉**：十分亲热；十分宠爱。

上海话：伊拉是贴肉朋友。

普通话：他们是很亲密的朋友。

(3) **吃价**：了不起，看不出来。

上海话：介小个物事老吃价个！

普通话：这么小的一个东西真是不得了！

(4) **豁边**：搞坏，露馅，出格，越轨。

上海话：事体拨伊做豁边了。

普通话：事情被他做出格了。

(5) **挺刮**：挺直平整。

上海话：毛料个衣裳比较挺刮。

普通话：毛料做的衣服比较笔挺。

(6) **行俏**：很时行。

上海话：捂个样式老行俏个。

普通话：这个样式很流行。

(7) **台型**：漂亮时髦；显赫。

上海话：伊老有台型个。

普通话：她漂亮时髦。

(8) **懂经**：精通，时髦。

上海话：伊样样懂经。

普通话：他样样精通。

(9) **搭浆**：马虎草率。

上海话：伊做事体总归老搭浆个。

普通话：他做事最是马虎草率。

(10) **肉麻**：舍不得。

上海话：捂只玻璃杯敲坏脱了，伊老肉麻个。

普通话：这个玻璃杯敲坏了，他很心疼。

(11) **戆脱了**：太傻了，糊涂了。常用来责备自己。

上海话：我戆脱了，介好个一只机会错过了！

普通话：我太傻了，这么好的一个机会错过了！

二、语法一点通

被动句和 SOV（主语＋宾语＋动词）句式

1. 被动句

用"拨"引进主动者，相当普通话的"被"。如："勿像有种小青年生了又长又瘦，拨人家讲像一根豆芽菜（不像有的小青年长得又高又瘦，被人家说长得像一根豆芽）。""背心浪拨伊敲一记。（背上被他敲了一下）。"

2. SOV 句式

上海话的句子，大都可以用 SOV 的语序说，宾语要放在动词谓语前边。如："侬上海言话讲得来哦？""我夜饭吃好了。""种花，我空地哰没个。""我两件衣裳汰脱了。"

三、双言天天练

1. 请把下列上海话改成普通话

上海郊区搭周边有交关好白相个地方。

朱家角镇浪向历史悠久个放生桥有五只桥洞。

2. 请把下列普通话改成上海话

我个人觉得黄浦江两岸最好看。

我们再到黄浦江边看看江对岸的东方明珠电视塔吧。

四、乡语传乡情

1. 上海民歌

种田个吃米糠

泥瓦匠,住草房;

纺织娘,没衣裳;

卖盐个,吃淡汤;

种田个,吃米糠;

烧菜个,只闻香;

编席子个,睏光床!

(这首民歌形象描绘了新中国成立前穷人的生活。)

生炒热白果

新鲜生炒热白果,

香是香来糯是糯。

我个白果大勿过,

一粒开花两粒大。

两只铜板买七只,

吃仔勿会肚皮饿。

小弟弟吃仔长又大,

老伯伯吃得福气大。

要吃白果豪傯来,

勿买白果要错过!

2. 谚语蕴智慧

芦花秀,早夜寒。

蜻蜓满天飞,要落雷阵雨。

鲤鱼杠水,鲫鱼浮头,天必落雨。

3. 歇后语品味

隔年蚕做茧——吮没心思(新丝)

五更天下海——赶潮流

(第十四课谜语的谜底:1.乘人之危; 2.知了; 3.宽紧带; 4.鲜得来。)

五、用普通话说"上海记忆"

各地小吃在上海话中的表达

上海话词汇具有融汇性。山东人"大饼摊"上的"大饼","大"字不读[du]而读[dɑ],在语音上用了上海话的文读音。苏北的"油馓子"使"馓"字进入了上海方言字汇,"脆麻花"的"麻花"读[mahuɑ],也包容了苏北话的读音(上海原称"绞捩棒")。宁波的"黄泥螺""鳗鲞",绍兴的"霉干菜""霉千张""醉方"等方言词都是随着这些食物流入上海的。广东的"鱼生粥","鱼生"就是"生鱼"的意思,在上海话中留下了粤语的特征。

六、跟着教员或录音学,用上海话讲故事

黄 鱼 脑 子

黄鱼全身鳞片金光闪闪,辣海里向尾巴豁豁,游来游去,活络得勿得了。伊得意洋洋,认为自家勿但生得好看,而且辣海里比别个鱼侪游了快,葛咾常常吹牛皮:"辣海里向,要算我生得顶顶好看,游得顶顶快!"

鲨鱼听见了,邪气勿服气,心里向想:"我尾鳍发达,推水有力气,要讲游水,啥个鱼好游得过我?"所以,提出来要脱黄鱼比一比,到底啥人游得快。

黄鱼一口答应,约好明朝比赛。

第二日,黄鱼告鲨鱼并排停好,大家喊:"一、二、三,出发!"讲到游水,黄鱼确实比鲨鱼游得快,因为伊身体又是小又是轻,邪气灵活。鲨鱼身体又是大又是重,虽然尾巴划水有力道,但是游了一段路就慢下来了。

黄鱼回转头来一看,鲨鱼远远叫落辣后头,蛮得意,心里想:"我勿是吹,就是

闭了眼睛游，笃定要比侬快。"伊真个眼睛闭好，力气用足，拼命朝前头游，游得邪气快。阿里晓得前头有一块大礁石，黄鱼只顾闭了眼睛游，就一头撞到礁石浪去，拿头撞伤了，流了交关血，而且脑子也撞坏脱了，弄得昏头落蹚，东南西北方向也分勿清爽，结果鲨鱼游到前头去了。

自从辩趟比赛以后，黄鱼个脑子受了重伤，以后有啥个事体，前想后忘记。

后来大家拿办事体呒没头脑，记性推扳个人，叫做"黄鱼脑子"。

（此故事 20 世纪 80 年代采集于上海市北京东路街道。这是先有上海话民间流传的"黄鱼脑子"词语，后编了这个故事，故事不是该词语的出典。）

婚嫁人情

▶ 甲：

　　普通话：老朋友的儿子要结婚了，我去买点礼物。

　　上海话：老朋友个儿子要结婚了，我去买眼礼品。

▶ 乙：

　　普通话：现在还是讲究送人情的，有的人结婚，酒席场面很大。

　　上海话：现在啊，还是讲究送人情个，有个人结婚，酒水场面老大个。

▶ 甲：

　　普通话：新郎新娘先发请帖，时髦一点的，在请帖上还贴有新郎新娘的
　　　　　　合影。

　　上海话：新郎新娘先发请帖，时髦一眼个，请帖浪还贴新郎新娘个合影。

▶ 乙：

　　普通话：喜酒一般订在大饭店大宾馆，洞房是宾馆免费提供的。

　　上海话：喜酒一般订辣大饭店大宾馆，洞房是宾馆免费提供个。

▶ 甲：

　　普通话：新郎那边有伴郎，新娘那边有伴娘。

上海话：新郎猗搭有伴郎，新娘猗搭有伴娘。

▶乙：

普通话：结婚仪式开始时，双方父母要讲话，证婚人致祝贺词，双方互赠戒指。

上海话：结婚仪式开始个辰光，双方爷娘要讲言话，证婚人致祝贺词，双方互送戒指。

▶甲：

普通话：据说新婚房里还要放红枣、花生、桂圆和瓜子，讨个吉利叫"早生贵子"。

上海话：听说新婚房里还要摆红枣咾、花生咾、桂圆脱仔瓜子，讨个吉利叫"早生贵子"。

▶乙：

普通话：现在年轻人结婚，新俗跟旧俗相结合，各取所长。

上海话：现在年轻人结婚是新俗脱旧俗相结合，各取所长。

▶甲：

普通话：老朋友还专门找了一家婚庆公司来办喜事。

上海话：老朋友还专门寻了一家婚庆公司来操办喜事。

▶乙：

普通话：我上个星期去喝喜酒，也是婚庆公司的一个司仪主持活动的。

上海话：我上个礼拜去吃喜酒，也是婚庆公司个一个司仪来主持活动个。

▶甲：

普通话：哦，对了，我还要准备一个红包呢。

上海话：噢，对了，我还要准备只红包唻。

▶乙：

普通话：超市有那种大一些的红包。

上海话：超市有得买一种大一眼个红包。

委婉禁忌

▶ 甲：

普通话：各地都有禁忌语、委婉语，上海有些什么？

上海话：各地侪有禁忌语、委婉语，上海有眼啥？

▶ 乙：

普通话：从前上海话里，因为"鹅"跟"我"同音，所以不说"鹅"，说"白乌龟"。

上海话：上海话里向，因为"鹅"脱"我"同音，就勿叫"鹅"，叫伊"白乌龟"。

▶ 甲：

普通话：是吗，还有这个说法？

上海话：真个啊，还有迭种讲法啊？

▶ 乙：

普通话："送钟"和"送终"同音，朋友之间，还有给老年人送礼就不能送钟。

上海话："送钟"得仔"送终"同音，朋友道里，还有得老年人送礼就勿好送钟。

▶ 甲：

普通话：在我的家乡，也有这个讲究。

上海话：辣辣我个老家，也有搿种讲究。

▶ 乙：

普通话：讲委婉语是为了文雅、礼貌，不触及对方痛处。像"死了"改讲"过世""没有了""去了"，"生病"讲"不舒服"。

上海话：讲婉转个言话是为了文雅、礼貌，勿要碰着对方个痛处。像"死脱"改讲"过世""呒没了""走了"，"生病"讲"勿适意"。

▶ 甲：

普通话：我们的方言里也是这样讲的。

上海话：阿拉个方言里向也是搿能讲个。

▶ 乙：

普通话：还有去看病人的时候不要送苹果。

上海话：还有去望病人个辰光勿好送苹果。

▶甲：

普通话：为什么？

上海话：为啥啊？

▶乙：

普通话：因为"苹果"和"病故"在上海话里的读音是一样的。

上海话：因为"苹果"得仔"病故"辣辣上海言话里向读音是一样个。

▶甲：

普通话：糟糕，我昨天去看一个病人还带了苹果去呢。这怎么办？

上海话：要死快了，我昨日子去望一个病人还带了苹果去了。葛哪能办啊？

▶乙：

普通话：没关系，这些都是老风俗了，现在人的观念都变了。再说，你是新上海人，人家不会介意的。

上海话：勿要紧个，搿眼侪是老风俗了，现在人个观念侪变新了。再讲，侬是新上海人，人家是勿会得当桩事体个。

课后练习

一、词语分类记

1. 吉利语、禁忌语、委婉语

蟢蛛：蜘蛛，有蜘蛛顺丝吊下，就说"喜从天降"。

篷船：帆船，画一艘帆船，象征"鹏程万里"。

伞："伞"与"散"同音，"分散""拆散"都不吉利，上海南郊称"伞"取其反义，为"聚立"。

舌："舌"与"折本"的"折"同音，"猪舌"改称"猪赚利"。

没：船民忌"没、沉"，所以"抹布（擦桌布）"改称"转布"；"盛饭"的"盛"与"沉"同音，就改为"添饭"。

箸："箸"与"滞"同音，船民反其义称为"快"，后来加上"竹"字头为"筷"，这是"筷"的来历。上海洋泾浜语把"快"说成"chop chop（英语中'快'的俚语说法）"，加上"stick（棒）"的复数，英语的"chopsticks（筷）"一词出自上海洋泾浜语。

寿衣：死人穿的衣服。

有长短：死

勿适意：生病

有喜：怀孕

2. 俗语（新流行语）举例讲

(1) **粢饭糕**：又痴又烦又搅的女孩。

上海话：侬碰着只粢饭糕，侬倒一百廿四个霉了。

普通话：你遇到这个又痴又烦又搞的人，你倒了大霉了。

(2) **月光族**：戏称每个月把收入都花光的一类人。

上海话：我虽然比勿过持卡族介潇洒，也让我做做月光族好唻。

普通话：我虽然比不过持卡族那样潇洒，也让我做个每月都花掉一个月工资的人吧。

(3) **脑子格式化**：脑中空无一物。

上海话：今朝我脑子格式化了，啥个物事也想勿起来了。

普通话：今天我脑子空空的，什么都想不起来。

(4) **跌停板**：运气差到极点，不受重视

上海话：我年纪大了，跌停板了，可以回到屋里吃老米饭了。

普通话：我年龄大了，没什么用了，可以回家待在家里了。

(5) **死机**：称别人一下子没反应过来。

上海话：侬死机啦？为啥问侬反应也吭没啊？

普通话：你脑子出问题啦？为什么问你问题连反应都没有啊？

(6) **本草纲目**：又笨又吵又戆又木。

上海话：侬搿个人啊真是本草纲目！

普通话：你这人啊真是又笨又吵又傻又木！

(7) **跟包**：跟在后面为上司拎包。

上海话：侬是做跟包个啊？

普通话：你是跟在人的后面提包的吗？

(8) **发飙**：发大脾气，发大火。

上海话：侬看伊又熬勿牢了，辣辣网高头发飙了！

普通话：你看他又憋不住了，在网上发大火了！

(9) **有腔调**:人的行为举止时髦潇洒、有个性;事情做得有章法,样子好。

上海话:办公室里向辂个男小囡做事体老有腔调个。

普通话:办公室里的那个男孩子做事情很好。

(10) **拗造型**:有意塑造自己的形象;整理造型,打扮;摆姿态。

上海话:伊拍照个辰光老欢喜拗造型个。

普通话:他拍照的时候很喜欢摆各种姿势。

二、语法一点通

复句的用法

1. 并列关系:"**既……又……**":"葛末侬既要吃感冒药片,又要吃咳嗽糖浆。"

2. 递进关系:"**勿但……而且……**":"勿但有眼寒热,而且还有眼咳嗽。"

3. 转折关系:"**……,不过……**":"卖相好当然好,不过人勿可貌相。""**……,呒没……**":"痛末也痛歇过个,但是呒没现在介结棍(虽然疼过,但是没现在这么厉害)。"

4. 假设推论关系:"**……末,(就)……**":"勿放心末,侬去做只胃镜查一查。"

5. 因果关系:"**……咾……**":"有眼头痛咾饭吃勿落。""**……,……咾**":"一定要预防感冒,交关毛病侪是感冒伤风引起个咾。"

6. 条件关系:"**一……就……**":"身体一有眼勿适意,就应该快眼去看医生。""一"也能换说"**只要**":"只要身体有眼勿适意,就应该快眼去看医生。""**勿管……,侪……**":"勿管天落勿落雨,我侪要去个。"

三、双言天天练

1. 请把下列上海话改成普通话

上海话里向,因为"鹅"脱"我"同音,就勿叫"鹅",叫伊"白乌龟"。

"送钟"脱仔"送终"同音,朋友道里,还有搭老年人送礼就勿好送钟。

2. 请把下列普通话改成上海话

如今还是讲究送人情的,有些人结婚,酒席场面很大。

据说新婚房里还放了红枣、花生、桂圆和瓜子,讨个吉利叫"早生贵子"。

四、乡语传乡情

1. 上海民歌

答　歌

甲:啥个虫飞来像只钉?

啥个虫飞来像盏灯?

啥个虫飞来人人怕?

啥个虫飞来要咬人!

乙:蜻蜓飞来像只钉。

萤火虫飞来像盏灯。

黄蜂飞来人人怕。

蚊子飞来要叮人。

十二月花名

一月水仙清水养,

二月杏花伸出墙。

三月桃花红艳艳,

四月杜鹃满山冈。

五月牡丹笑盈盈,

六月栀子戴头上。

七月荷花浮水面,

八月桂花做蜜糖。

九月菊花迎秋风,

十月芙蓉斗寒霜。

十一月山茶初开放,

十二月腊梅雪里香。

2. 谚语蕴智慧

邋遢冬至干净年,干净冬至邋遢年。

小暑一声雷,倒转做黄梅。

重阳勿落看十三,十三勿落一冬晴。

3. 歇后语品味

丝瓜烧豆腐——清清(青青)白白

青染缸里汰浴——一身轻(青)

五、用普通话或上海话说"上海记忆"

"吃"在上海话中的含义

"吃"的乐趣使上海人把"吃"这个词的含义到处引申,"吃"到各种文化中去。除了"吃饭"之外,"吃"比起北方话来更多地用于一些用嘴的动作,比如"吃开水""吃茶""吃香烟"。依靠某种事物或职业来生活,也叫"吃",比如"吃木行饭""吃老本"。吸收液体,可说"吃墨""吃水"。以下的说法离嘴更远了,比如用"吃劲"表示耗费,用"吃一拳"表示挨、受,用"吃进"表示得到、接受无异议,用"吃伊漂亮"表示钦佩、被人所羡,"吃吃伊",就是"惹他、欺负他"。

六、跟着教员或录音读,用上海话讲故事

望 娘 滩

辣辣老早老早个辰光,一个县里,有一个穷苦人家个小囡,名字叫聂郎。伊每日靠割草卖脱赚铜钿,养活年纪老、毛病多个寡母。

有一年碰着天旱,田地荒芜,草木枯焦。有一日伊肚皮饿得咕咕叫,想回到屋里向又要得姆妈一道饿煞,正辣海发愁个辰光,看见一只兔子从伊面前窜过,伊就去追羿只兔子,辣洼地里发现了一片青草地。羿个草老稀奇个,日里向斫脱了,夜里向又会长出来。

母子两人就靠羿眼草来养活性命。因为草地离屋里邪气远,伊想拿草连根挖转来,种辣自家房子旁边,正辣挖草个辰光,聂郎发现了草根下头有一粒明珠,就拾回来摆辣米缸里。第二日伊看到个是满满个一缸米。从此以后,母子两个人日脚好过起来,还好救济救济邻舍了。

聂郎拾着宝珠个消息拨拉村浪向个恶霸周洪晓得了。周洪就诬良为盗,派了交关恶奴来抢夺明珠。聂郎只好拿宝珠含辣嘴巴里向。恶奴来抢,伊拼命反抗,一勿当心,宝珠滑到肚皮里去了。

宝珠落肚之后,聂郎伊心里向像辣火烧,嘴巴干,舌头焦,屋里向个水侪吃光了,伊只好跑到江边浪去吃水。伊扑辣地浪向,江水拨伊吸低了几寸,到末脚伊化成了一条龙,掀起滔天大水,卷走了恶霸周洪得仔交关恶人,朝大海游了出去。

聂郎个姆妈舍勿得儿子,一面哭,一面喊,伸手拖牢了儿子个一只脚,聂郎晓得姆妈心里向个痛苦,就拿一只吆没变个脚留下来纪念自家个娘。

伊也舍勿得离开姆妈,娘呼叫一声,伊回头看一眼;看一眼,江里就凸起了一

个滩。老娘连牢仔喊了廿四声,伊一连回头看了廿四趟,江里向就凸起了廿四个滩。娘看辣儿子一眼眼离开,伊又痛苦,又欣慰,伊祝福儿子辣辣大海里向好自由自在个翻腾。

儿子走末是走了,搿个廿四个滩,却一直留到现在。后来大家就拿搿个廿四个滩叫伊"望娘滩"。

(改写自连环画民间传说《望娘滩》,良士、徐宏达合作,新美术出版社 1954 年出版。)

扫一扫 听录音

入境出国

场景一 / 办理签证

▶ 甲：

普通话：你是公派出国还是因私出国？

上海话：侬是公派出国还是因私出国？

▶ 乙：

普通话：我是因私出国，属于短期观光游客及短期探亲人员。

上海话：我是因私出国，属于短期观光游客脱仔短期探亲人员。

▶ 甲：

普通话：你要按照预约时间，提前一小时到领事馆，核实签证资料并且准备好身份证、护照原件和预约号码。

上海话：侬要按照预约个辰光，提早一个钟头到领事馆，核实签证资料，还要准备好身份证、护照原件得仔预约个号头。

▶ 乙：

普通话：哦，还有什么要注意的吗？

上海话：噢，还有啥要注意个哦？

▶ 甲：

普通话：我当时办理的时候，不让把手机带进去。我记得附近商场有寄存的地方。

　　上海话：我当时办理个辰光，手机勿拨我带进去。我记得附近商场有得寄存
　　　　　　个地方。

▶ **乙：**

　　普通话：啊？不让带手机啊！

　　上海话：啊？手机勿好带啊！

▶ **甲：**

　　普通话：对。进去之后，先安检。然后在等候区，注意显示屏叫号。

　　上海话：对个。进去之后，先要安检。接下来辣辣等候区，注意显示屏叫号。

▶ **乙：**

　　普通话：那小孩怎么办？

　　上海话：葛末小囡哪能办？

▶ **甲：**

　　普通话：孩子需要面签，所以要带着孩子一起去。

　　上海话：小囡需要当面签个，葛咾要带好小囡一道去。

▶ **乙：**

　　普通话：你还记得当初问你什么问题吗？

　　上海话：侬还记得当时问侬啥个问题哦？

▶ **甲：**

　　普通话：记不太清了，反正很简单。

　　上海话：记勿大清爽了，反正老简单个。

▶ **乙：**

　　普通话：好的，我知道了，谢谢你！

　　上海话：好个，我晓得了，谢谢侬！

场景二／出入海关

▶ **甲：**

　　普通话：请你把护照出示给我看看，还有入境表格填了没有？

上海话：请侬拿护照拨我看看，还有入境表格填好了哦？

▶ 乙：

普通话：都在这儿，给你。

上海话：侪拉搿搭，喏。

▶ 甲：

普通话：你在上海要待多久？

上海话：侬辣上海要蹲多少辰光？

▶ 乙：

普通话：大约一个月。

上海话：大概一个号头。

▶ 甲：

普通话：你准备从哪里出境？

上海话：侬准备从啥地方出境？

▶ 乙：

普通话：广州。

上海话：广州。

▶ 甲：

普通话：你有什么东西要申报吗？

上海话：侬有啥个物事要申报哦？

▶ 乙：

普通话：我带了一个手提电脑，要申报吗？

上海话：我带了一只手提电脑，要申报哦？

▶ 甲：

普通话：请你填写这张申报单。

上海话：请侬填好搿张申报单。

▶ 乙：

普通话：好，我知道了。

上海话：好个，我晓得了。

▶ 甲：

　　普通话：请从那边走，那儿是检查台，检查行李的地方。

　　上海话：请朝埃面走，埃面是检查台，检查行李个地方。

▶ 乙：

　　普通话：好的，谢谢！

　　上海话：好个，谢谢！

课后练习

一、词语分类记

　　1. 签证用语、海关用语

　　　护照

　　　入境表格

　　　出境

　　　办理

　　　申报单

　　　检查台

　　　行李

　　　派出所

　　　原住地

　　　身份证

　　2. 俗语举例讲

　（1）**搭架子**：摆架子。

　　　上海话：请侬侬就去，勿要搭架子了！

　　　普通话：请你你就去，不要摆架子。

　（2）**寻开心**：开玩笑，逗着玩。

　　　上海话：侬言话好好叫脱我讲，勿要寻我开心！

　　　普通话：你有话好好说，不要拿我开玩笑！

　（3）**出风头**：显耀自己，有光彩，很神气。

　　　上海话：伊欢喜出风头，勿欢喜做实事个。

　　　普通话：她喜欢出风头，不喜欢办实事。

(4) **勿二勿三**：不正经；不伦不类。

上海话：讲言话个辰光牙齿捉捉正，勿要讲得勿二勿三！

普通话：说话要实实在在，不要老不正经的。

(5) **瞎三话四**：瞎说，胡诌。

上海话：言话规规矩矩讲，勿好瞎三话四乱讲个。

普通话：说话正经点，不要胡说。

(6) **五颠六肿**：到处肿得厉害。

上海话：小王掼得面孔浪向五颠六肿。

普通话：小王摔得脸上肿得厉害。

(7) **七荤八素**：头昏脑涨，糊里糊涂

上海话：我拨稊批人搞得七荤八素了。

普通话：我被这批人搞得糊里糊涂了。

(8) **七支八搭**：乱搭腔，胡扯。

上海话：勿要相信伊，伊专门七支八搭瞎讲个。

普通话：不要相信他，他只会胡扯。

(9) **半半六十日**：本应短时间却很长久。

上海话：侬讲进去一歇歇个，结果我等了侬半半六十日了。

普通话：你说进去一会儿，结果我等你等了好长时间了。

(10) **七里缠辣八里**：这个搞错到那个上去。

上海话：伊一眼也拎勿清，事体七里缠辣八里。

普通话：他一点也不能领会，这事搞到那事上去。

二、语法一点通

几个常用的用法

1. **得来**：相当于"得"："戆得来要死（傻得要命）！"又可以把"要死""勿得了"等极端词语省去，如："戆得来！"就是"傻得很"的意思。又如："侬漂亮得来！"

2. **勿要忒……噢**：相当于"不要太……""已经非常……了"，这个句式带有强烈赞美的语气。"穿上去勿要忒神气噢！"即"穿上去非常精神！"相当于古汉语的"不亦……乎"，"勿要忒开心噢！"就是"不亦乐乎！"

3. **……勿来**：相当于"不会……"。如："我上海言话讲勿来。""V 得来"即"会 V"，如："伊打字打得来个。"

4. **……阿是**："阿是"放在句末，常常可表示确认问。如："稊搭痛阿是？""看

话剧侬勿去了阿是？"

三、双言天天练

1. 请把下列上海话改成普通话

请侬拿护照出示拨我看看，还有入境表格填好了哦？

请朝埃面走，埃面是检查台，检查行李个地方。

2. 请把下列普通话改成上海话

你要按照预约时间，提前一小时到达领事馆。

孩子需要面签，所以要带着孩子一起去。

四、乡语传乡情

1. 上海民歌

十二月小唱

正月里来是新春，家家户户点红灯；

二月里来暖洋洋，燕子双双到南方；

三月里来是清明，千家万户去上坟；

四月里来养蚕忙，手拎竹篮去采桑；

五月里来是黄霉，翻开箱子晒衣裳；

六月里来热难挡，蚊子咬人难提防；

七月里来秋风凉，牛郎织女情意长；

八月里来桂花香，大雁预备飞南方；

九月里来菊花开，秋高气爽到重阳；

十月里来稻上场，家家轧谷送公粮；

十一月里雪花飞，顽童嬉闹打雪仗；

十二月里过年忙，杀鸡杀猪闹洋洋。

2. 谚语蕴智慧

吃仔夏至面，一日短一日。

吃了端午粽，还要冻三冻。

白露身勿露。

3. 歇后语品味

心里生草——慌（荒）了

扯铃扯到半空中——空想（响）

五、用普通话或上海话说说"上海记忆"

叫卖声中的小吃

早在 20 世纪二三十年代，各种小吃就争相吆喝，本地人卖"擂沙圆""糖粥""熏肠肚子"，苏州人卖"甘草梅子""盐金花菜""小米虾豆腐干"，广东人卖"鱼生粥""云吞面"，宁波人卖"鸭膀""鸭舌头"，苏北人卖"棨光嫩地栗""麻油徽子"……当夜色笼罩春申之时，小吃的叫卖声便在风中荡漾开来："桂花赤豆汤""白糖莲心粥"……余音袅袅，回味无穷。

六、跟着教员或录音学，用上海话讲故事

戆大女婿巧新妇

从前，荷花庄浪有一对小夫妻，男个是有名气个戆大女婿，戆到啥地步？一二三四五六七八九十，倒数一遍，伊勿会；女个是老来事个巧新妇，巧到啥程度？蚊子、苍蝇飞过，伊能够分得出雌雄。戆女婿脱巧新妇辣辣一道过日脚，虽然称勿上美满，倒也听勿见吵吵闹闹，大概是戆个忒戆了，巧个又忒巧了，做勿成对手。

有一日，巧新妇拿出自家精工纺织个三匹布来，要戆女婿拿到街浪去卖，临走个辰光，巧新妇一再关照男人：现在是秋荒辰光，假使买布个客人吮没铜钿，也可以赊账；不过，一定要问清爽客人姓啥叫啥？屋里向住辣啥地方？再好成交。戆女婿连连答应"噢、噢"。

戆女婿出门，走辣半路浪向，一个客人拨辣戆女婿手里个布吸引牢了，问伊："介好个布，是啥人织个？"戆女婿讲："是我娘子织个。""要卖哦？""要卖！""好勿好赊？""可以赊个。"

乃末，三匹布一记头成交。戆女婿辣末生头想起娘子个言话，连忙问客人姓名、地址。客人讲："我名头叫迈开脚勿走步，屋里住辣尖刀山下、蜜蜂洞里，明朝侬来问我收铜钿好了。"讲完，拿了布就走了。

戆女婿回到屋里向，拿赊布个经过讲了一遍，巧新妇听了，又气又好笑，用手节头点点戆女婿个额角头讲："侬啊，讲侬戆末是戆！天底下有啥个人名字叫迈开脚勿走步个？又有阿里个人住辣尖刀山下头、蜜蜂洞洞里个？"戆女婿拨娘子辫一问，像煞也觉着上当了，心里暗暗叫叫苦。

　　第二日一早,戆女婿拿了斧头要上山去斫柴,巧新妇连忙攔牢伊讲:"我辛辛苦苦织个三匹布,就辩能白白送人了? 今朝侬去脱我拿铜钿讨回来!"戆女婿张大眼睛问:"叫我到啥地方去寻呀?"巧新妇讲:"侬啊,就勿会动动脑子个?""嘿嘿嘿,我戆嘛!""葛末就听我讲:辩个迈开脚勿走步,说明辩个客人姓万,迈字去脱走,勿就是万字嘛? 辩个尖刀山下,是讲万先生个门口有一片刀豆地,辩蜜蜂洞里,一定是一只学堂,小学生辣里向闹嗡嗡个,像一群蜜蜂。辩搭朝南廿里路,有一只小学堂,听说有一个姓万个先生,侬勿妨去寻寻看。"戆女婿急匆匆走了。

　　吃中饭个辰光,戆女婿真个寻着了一只小学堂,学堂门口真个啥,有一片刀豆地,一打听,里向真个有一个姓万个先生昨日睑回转去三匹布。戆女婿进去一看,辩位万先生正好辣辣脱一个人白话,就上前叫伊:"万先生,我要布钿来了。"辩个万先生邪气惊奇:"侬哪能会晓得我姓万呢? 还有哪能晓得我住辣辩搭?"戆女婿回答:"是我娘子告诉我个!"

　　万先生感叹讲:"我晓得,侬娘子可以织出介好个布来,也就一定能够寻着我个。不过,今朝还勿能够拨侬布钿。""为啥?""因为我辣脱别人讲言话,侬打断了我个话柄。""辩个话柄……"戆女婿勿晓得哪能回答好,只好搔搔头皮,两手空空回到屋里。

　　戆女婿回到屋里拿打断话柄个事体一讲,巧新妇也勿响。第二日,伊拨戆女婿一把锄头,又叮嘱了好一番,催伊再去碰头辩个万先生。戆女婿到了万先生个门口,也勿话啥,撩起锄头掘起壁脚烂泥头。万先生连忙问:"侬掘啥?"戆女婿讲:"我挖风根!""哈哈哈,侬辩个人真戆得少见,风哪能会得有根呢?"

　　"风既然吭没根,葛言话又哪能会有柄呢?""辩个……"万先生拨问牢了,"辩个又是侬个聪明个娘子想出来个?"戆女婿点点头,万先生从袋袋里拿出铜钿来,戆女婿接过来就走。万先生讲:"慢! 慢! 慢! 我有一样物事送拨侬娘子。"一面讲,一面从里向拿出一段封口个毛竹筒交拨了戆女婿。

　　戆女婿兴冲冲踏进屋里门,巧新妇接过竹筒,心里想辩个是啥? 劈开一看,里向居然是一泡烂泥浆,烂泥浆里还有一只红菱角。巧新妇看了一阵心酸,眼泪水滚了下来:红菱角陷辣烂泥浆里,辩个勿是讽刺我辩个聪明灵巧个女人嫁了个戆男人哦? 伊越想越难过,转身进去,打了只包裹,气呼呼回娘家去了。

　　巧新妇回娘家已经有半个多号头了,戆女婿去请了几趟,伊侪勿肯回来,戆女婿想来想去想勿出到底为了啥? 辩日夜里,伊睏辣床浪突然想起辩只毛竹筒,决定第二天去寻万先生想想办法。

　　辩个万先生也正好要寻戆女婿,一问,晓得伊拉夫妻道里过去一向老要好个,就因为伊送了毛竹筒,巧新妇走了,心里觉着有眼过意勿去,当场要戆女婿放下心来,表示要去说服巧新妇,七日之内,一定让戆女婿脱仔巧新妇夫妻团圆。

万先生抽空到巧新妇个娘家,一连三天弯仔腰、低仔头辣辣门口走来走去。第一日,巧新妇勿睬伊。第二日,还是勿睬伊。到了第三日,巧新妇实在屏勿牢了,就开口问了:"先生,侬辣我屋里门口走来走去,是要做啥?"万先生随口回答:"噢,阿姐,我寻一样物事。""寻啥物事?""我衣裳浪落脱一粒纽子!""一粒纽子做啥要寻三日天? 去配一粒新个就好了呀。""勿是个! 侬勿晓得,新个阿里搭有旧个合适。随便啥物事,我看总归是原配个好。""原配个好?"巧新妇听了辬番言话,像煞灯笼点火肚里亮,其中个含义,伊一记头就明白了。

第二日,巧新妇就拿戆女婿请来吃团圆饭了。

(此故事 1986 年 9 月采集于松江县新浜乡。)

扫一扫 听录音